Bachér · Und wieder ist Sonntag

Peter Bachér

Und wieder ist Sonntag

Vom Glück des Augenblicks

Ullstein

© 1992 by Verlag Ullstein GmbH, Frankfurt/M. · Berlin
Alle Rechte vorbehalten
Satz: Fotosatz-Service Weihrauch, Würzburg
Druck und Binden: Mohndruck, Gütersloh
Printed in Germany
ISBN 3 550 06707 0

Gedruckt auf Papier mit chlorfrei gebleichtem Zellstoff

Die Deutsche Bibliothek – CIP-Einheitsaufnahme

Bachér, Peter:
Und wieder ist Sonntag : vom Glück des Augenblicks /
Peter Bachér. – Frankfurt/M. ; Berlin : Ullstein, 1992
ISBN 3-550-06707-0

INHALT

Mal Wüstenmärsche, mal Gletschertouren – und wo bleibt das Glück?

Welches war der schönste Tag in Ihrem Leben? · Den Weg der Freundschaft muß man häufig gehen, damit kein Gras darauf wächst · Blumen für den Zahnarzt – warum eigentlich nicht? · Es ist so laut, so voll, so heiß – warum bist du eigentlich auf diesem Ball? · Wenn wir vor lauter Eiern den Osterhasen nicht mehr sehen · Der Karriereknick: Er wußte nicht, warum er »übergangen« worden war · Gegen die November-Melancholie: »Wir werden nur einmal in diese Welt hineingeboren« · »Ich glaubte, der Abstieg würde langsamer gehen«, sagte der 62jährige zu seiner Frau · Noch ein paar Stunden bis zur Bescherung – bloß keine Angst vor den Geschenken! · »Dabeisein ist alles« – die Gier, zu sehen und gesehen zu werden · Eine Operation am offenen Herzen – und ich konnte nicht wegschauen · Der Hotelportier lächelte wie immer – und doch war alles anders · An der Schwelle eines neuen Jahres: Es gibt keine Experten, die die Zukunft kennen · Rosen zum Muttertag – einmal habe ich sie vergessen · Reisen heute – die Haut wird braun, aber die Seele bleibt blaß · Wann stand ich zuletzt am Grab meiner Mutter? Vor Wochen, vor Monaten?

III. »*Man sieht nur mit dem Herzen gut*« *121*

»Gott ist genau da, wo er dich gerade hingestellt hat« ·
Wie lange stand ihr Auto schon unter der Laterne? ·
»Hallo, wie geht's?« – Aber wollen wir es wirklich so
genau wissen? · Nach einem Trauerfall: die Angst vor
der Armseligkeit der Worte · »Übrigens, ich war heute
morgen beim Röntgen . . .« · Wohl dem, der im Mai
seine Koffer packen kann · Die vergessene Handtasche – Lehrstück der Vergänglichkeit · Erinnerungen
kann man nicht einholen · Zwischen Selbstmitleid
und Eiseskälte: »Kinder sind doch nur Ballast« · Erst
wenn der Möbelwagen kommt, weiß man, was verlo-
rengeht · Tod auf Mallorca – oder der Irrtum, daß alles
seine Zeit haben würde · Ende der Ferien: Wir sind
noch einmal davongekommen · September am Meer
– schon allein, aber noch nicht einsam

I.
ZEICHEN AN DER WAND
DER ZEIT

Wir sind nur Gäste auf diesem Stern – Bewohner mit »versiegelter Order«

Liebe Freundin, vor wenigen Minuten erst haben wir am Telefon miteinander gesprochen, und doch muß ich Ihnen gleich einen Brief hinterherschicken, denn ich fühle, daß ich mich falsch verhalten habe. Immerhin sagten Sie ja zu mir, daß Sie an der Schwelle des neuen Jahres »voller Angst« seien, und ich hatte nur den läppischen Trost, »doch nicht alles so ernst zu nehmen«.

Aber die Traurigkeit, aus der heraus Sie gesprochen haben, und die Angst, die Sie bedrückt, *müssen* ernst genommen werden; jede Angst wiegt schwer, zieht den Menschen nieder.

Sie nannten ein paar Stichworte, an die wir uns, von Informationen überflutet, längst gewöhnt haben – und die doch nichts anderes sind als Schlüsselworte für Entwicklungen, von denen eine als unheimlich empfundene Bedrohung ausgeht:

Sie nannten die Klimakatastrophe, den Flüchtlingsstrom von Ost nach West, die Nord-Süd-Problematik, kurzum das große Einmaleins des Schreckens.

Und da war Ihre Angst, die Wohnung zu verlieren, die Flut neuer Gebühren, die Ihr schmales Budget belasten, die Sorge um die Altersversorgung, die Furcht, krank zu werden – »Wird man immer arbeiten können?« fragten Sie mich –, das Alleinsein später.

Wir sehen: Auch dieses kleine Einmaleins des Lebens rechnet sich nicht leicht, nicht einmal, wenn man doch, wie Sie, erst um die vierzig ist.

Irgendwo hatten Sie gelesen, daß die Erde nun »endgültig voll sei«, daß sich die Ressourcen erschöpfen, »das hört sich ja auch nicht gerade gut an« – wie soll es da Frieden für alle Zeit geben.

Wo soll ich – bei diesem Hiobs-Katalog! – anfangen, Sie zu trösten?

Ich versuche es mit einem Wort des Predigers Professor Helmut Thielicke, der seinem Buch über sein übrigens sehr schweres Leben gleichwohl den Titel gab: *Zu Gast auf einem schönen Stern!*

Vielleicht ist das eine Philosophie, mit der Sie sich anfreunden können: Wir geben hier nur ein Gastspiel, aber wir erleben es immerhin auf dem strahlendsten Stern inmitten eines toten Universums.

Um im Bilde zu bleiben: Die Alternative wäre ja nur, daß wir an diesem Spektakel, das immer Tragödie und Komödie zugleich ist, überhaupt nicht teilnehmen, vom Schicksal sozusagen nicht engagiert.

Wir haben es uns natürlich nicht ausgesucht, aber schade wäre es doch, nicht wenigstens einmal über diese ebenso schöne wie geschundene Welt gegangen zu sein, nicht wahr?

Und was die Zukunft angeht: Sie liegt nicht in Ihrer Hand. Sie müssen sich ihr einfach anvertrauen. Alle klugen Bücher über den Sinn des Lebens kommen ohne Glauben und ohne das »carpe diem« nicht aus, das schon die alten Römer kannten.

Pflücken Sie also den Tag! Er ist das einzige, was Sie wirklich haben. Das Gestern ist vorbei, das Morgen ungewiß.

Und wenn in wenigen Stunden die Zeiger der Uhr in ein neues Jahr springen – und wir dürfen es miterleben –, dann begreifen Sie es als das, was alleine es ist: als Chance! Denn wir sind nur Gäste auf diesem schönen Stern, Bewohner auf Abruf »und mit versiegelter Order«.

Ich wollte wirklich nur wissen, wie es ihm geht – aber er glaubte es nicht

Das Gespräch liegt ein paar Tage zurück, ich hatte einen Freund gebeten, in einer Angelegenheit, die mir wichtig war, sich vermittelnd einzuschalten, er hatte es versprochen, das Telefonat war schon fast zu Ende, als ich noch die Frage nachschob, wie es ihm ginge – und da stoppte plötzlich unser Dialog, wie ein Zug, der auf den Gleisen zum Halten gekommen war.

Ich spürte, daß er zögerte, mir die Wahrheit zu sagen, obwohl es doch nur an der einen Sekunde zu erkennen war, die diese Unterbrechung dauerte.

Dann verriet er mir, daß er gerade beim Arzt gewesen sei, irgend etwas mit der Bauchspeicheldrüse sei nicht in Ordnung.

Damit dürfe man nicht spaßen, sagte ich – was man so sagt, wenn man als medizinischer Laie kaum eine Ahnung hat. Nur: Bauchspeicheldrüse, das ist sicher kompliziert, bedrohlich gar, nichts, was man im Stehen abmacht.

»Es wird schon werden«, hörte ich ihn, seine Stimme klang matt, aber dann bäumte er sich doch noch einmal auf: »Unkraut vergeht nicht.« Nun lachte er sogar.

Ein paar Tage später, als mich meine Frau eher beiläufig fragte, ob ich Neues gehört hätte, dachte ich wieder an meinen Freund – und rief ihn an.

Und dieses Gespräch führte mich zu einer ganz anderen Form von Krankheit, die nichts mit Drüsen zu tun hat, aber sehr viel mit unserer Unfähigkeit, unvoreingenommen miteinander zu sprechen.

Denn auf meine Frage, wie heute sein Befinden sei, meinte er nur kurz, es ginge ihm schon wieder besser, um dann – sehr schnell, schon hastig – hinzuzufügen, er hätte »in der betreffenden Angelegenheit« einen Brief geschrieben, die Sache, die mir so am Herzen lag, würde sich mit seiner Hilfe bestimmt regeln lassen.

Nun erwiderte ich, beinahe beschwörend, daß dies nicht der Grund meines Anrufes sei, daß ich vielmehr wirklich nur wissen wollte, ob er es gepackt habe, was die Ärzte ihm geraten hätten – was man eben wissen will, wenn ein Freund in Not ist.

Er gab mir die Auskunft, nicht, ohne nochmals darauf hinzuweisen, daß er wirklich tätig geworden sei, wofür ich ihm dankte, um dann den Hörer mit dem traurigen Gefühl auf die Gabel zu legen, daß es sogar in einer Freundschaft schwer ist, nicht mißverstanden zu werden.

Denn die Angelegenheit, die mir vor ein paar Tagen wichtig, inzwischen aber unwichtig geworden war – diese Angelegenheit war in keiner Sekunde der Grund meines neuen Telefonats gewesen.

Aber er konnte sich das nicht vorstellen, er witterte sogar in meiner Frage nur einen Vorwand, von ihm etwas über seine Unterstützung für mich zu hören.

Oh, wie ich sie hasse: diese Gespräche mit dem

doppelten Boden. Man sagt das eine, man meint das andere. Man schiebt irgend etwas vor, während man eigentlich etwas anderes erfahren will.

Haben wir uns nicht alle so sehr daran gewöhnt, daß wir uns gar nicht mehr vorstellen können, daß es das auch noch gibt: das uneigennützige Gespräch, wie ich es soeben suchte, und das leider wieder total entgleiste.

In der Warteschleife des Lebens – nur noch eine Nummer?

»Fliegen macht auch keinen Spaß mehr«, sagt mein Nachbar, während wir nun schon seit zwei Stunden in München auf den Start warten – und immer noch kein Ende der Tortur abzusehen ist.

Ich widerspreche nicht, fühle mich vielmehr im Gleichklang mit dem etwa fünfzigjährigen Mann, der schon eine vierstündige Verspätung im Kreuz hat, weil er bereits aus Frankfurt kam, »dort ist wieder einmal alles dicht«.

»Manchmal habe ich das Gefühl, daß wir Menschen auf dieser Erde nicht mehr erwünscht sind«, sagt er nun, sicher in der Hoffnung, daß ich ins Gespräch einsteige.

»Wo immer wir heute sind, stören wir eigentlich, ich muß ja nur die Zeitungen lesen«, macht er seinem Herzen Luft. »Da wird von ›sanftem Tourismus‹ geredet. Können Sie mir erklären, was das sein soll? Selbst in der Freizeit will man uns jetzt anscheinend kommandieren und kontigentieren. Es gibt schon Ferienorte, die Touristen aussperren wollen«, schimpft er, und seine Stimme wird lauter vor Zorn.

»Verbot für Fahrräder in Münchens Innenstadt geplant, wenn es mit dem Rowdytum auf Bürgersteigen so weitergeht«, liest er mir nun eine Schlagzeile vor.

»Als Autofahrer bist du sowieso der letzte Dreck, wirst du mit allerlei Schikanen rausgedrückt«, fährt er in seinem Monolog fort, um dann, indem er sich mir zuwendet, die Frage zu stellen: »Wenn die Herrschaften da oben so weitermachen, kommen sie womöglich auf die Idee, eines Tages auch noch den Fußgänger abzuschaffen – sind wir nicht langsam alle verrückt geworden?«

Ich schaue mich um. Gedränge wie überall. Die Luft in der Wartehalle ist zum Schneiden. Nervosität bei den einen, Apathie bei den anderen. Und überall Plastiktüten voller Plastikbrötchen – sieht so das Marschgepäck in eine neue, schönere Welt aus?

Nun höre ich, wie mein Nachbar für sich selbst das Fazit zieht: »Ich glaube, wir haben hier bei uns die besten Jahre hinter uns, vielleicht die schönsten, die es für Menschen auf dieser Erde jemals gab – wir wissen es nur noch nicht.«

Als ich mir nun endlich den Hinweis erlaube, daß Pessimismus uns nicht weiterhelfen würde, fährt er mir schneidend in die Parade: »Papperlapapp, wissen Sie, was Sie sind? Sie sind ein Träumer! Schauen Sie sich doch nur genauer um. Wir sind doch alle in der Warteschleife des Lebens nur noch Nummern. Der Mensch als Feind des Menschen. Die Radfahrer fluchen über Autofahrer und schikanieren gleichzeitig die Fußgänger. Und den Letzten beißen bekanntlich die Hunde.«

Dann stand er auf und schlurfte davon. Nicht, weil sein Flug aufgerufen wurde, sondern weil er wohl das

Gefühl hatte, von mir nicht verstanden worden zu sein.

Wobei ich zugeben muß, daß ich selbst nicht genau verstehe, warum ich ihn nicht verstehen wollte. Vielleicht hat es etwas mit dem Glas zu tun, das für mich immer noch halb voll ist – obwohl es vielleicht in Wirklichkeit schon halb leer ist.

Aber wer weiß die Wahrheit schon so genau? Der geschröpfte Steuerzahler, der verteufelte Autofahrer, der gedemütigte Fußgänger, der brutale Radler, der »sanfte« Tourist, der einzelne in der Masse, der Massenmensch, wer, bittschön, wer weiß hier Endgültiges?

Brauchen wir eine Uhr, die uns zeigt, wie lange wir noch leben?

Über die »dahineilende Zeit« klagen wir alle, je älter wir werden, desto mehr, sie ist ein flüchtiger Stoff. Nur Poeten können dem Augenblick zurufen, er möge verweilen, aber ändern können auch sie nichts.

So ist die Zeit längst zu einem Raum geworden, in dem wir uns immer häufiger verirren und verlieren. Die Zeit macht uns auch angst, weil wir nicht wissen, wieviel wir davon noch »haben«. Keine Vokabel ist indessen unsinniger als diese, weil wir – genau besehen – nur die jeweilige Minute wirklich zu unserer Verfügung »haben«, alles andere ist Planung, Hoffnung, Zukunftsmusik.

*

Vor diesem Hintergrund, der auch etwas Tröstliches hat, weil die Lebenszeit eine bisher weitgehend unbeachtete Größe in der Rechnung unseres Daseins war, ist jetzt eine Erfindung aufgetaucht, die wahrhaft typisch ist für den Zivilisationsmenschen, der die Zeit am liebsten ständig überholen möchte.

In Amerika wurde nämlich eine Uhr zum Patent angemeldet, auf der man – bitte erschrecken Sie nicht! – seine noch verbleibende Lebenszeit ablesen kann.

Wenn jemand, der diese Armbanduhr trägt, dann

beispielsweise gefragt wird, ob er einer Einladung folgen möchte, von der er nicht weiß, ob er ihr seine kostbare Zeit opfern soll, kann er mit einem Blick feststellen: »Ich habe noch vier Jahre und zwanzig Tage zu leben« – und also absagen. Denn bei einem »Rest« von vier Jahren beginnt man schließlich, mit jeder Stunde zu knausern.

Der Mechanismus ist simpel: Da man die statistische durchschnittliche Lebenserwartung von Männern und Frauen kennt, kann der Käufer – unter Abzug von Streßdaten wie Alkohol, Tabak, Krankheiten, die zuvor in den Minicomputer eingegeben wurden, individuell die Zeit ermitteln, die ihm (zumindest theoretisch) noch zur Verfügung steht.

Und sicher können unvorhergesehene Schläge – wie Unfälle, Scheidungen, Karriereknicks – eines Tages nachträglich eingetippt werden, um den Schicksalschronometer immer auf dem neuesten Stand zu halten.

Natürlich glaubt der Erfinder, ein internationales Supergeschäft zu starten. Und da heute nichts so irrsinnig sein kann, daß es nicht Anhänger findet, ist der Erfolg dieser Uhr des statistisch vorausbestimmten Todes zumindest nicht ausgeschlossen.

Für all jene aber, die eine solche Uhr nicht einmal geschenkt tragen würden, bleibt es bei dem zwar altmodischen, aber deshalb doch nicht falschen Gefühl: Es ist eine Gnade, daß wir eben nicht wissen, wann nach Gottfried Herder »die große eiserne Wanduhr rasselt und mit gewaltigen Schlägen ruft«.

Nein, wir Kinder einer Generation, die in ihr Leben hineinpacken will, was immer nur hineingeht, die eher darunter leidet, »keine Zeit zu haben«, brauchen eine solche Uhr nicht: Sie würde uns um die Gnade der Unbefangenheit betrügen.

*

Uns reicht völlig die normale Armbanduhr, zumal deren Zeiger uns sowieso ganz aktuell Tag für Tag erschrecken, weil es schon wieder einmal »zu spät« ist für all das, was wir gerne heute noch erleben möchten.

Wir sprechen heute nicht mehr von »holden Töchtern« – aber es gibt sie noch

Als ich ihn schon von ferne vor einem Schaufenster im Dämmerlicht stehen sah, leicht gebückt, gedankenverloren, war mein erster Gedanke, diesmal vorbeizuhuschen, denn ich hatte es eilig, und wir hatten uns ja erst vor ein paar Tagen gesprochen.

Dann kam ich in seine Nähe, er starrte immer noch in die Auslage, ich hätte glatt vorbeigehen können, aber aus Gründen, die ich mir auch im nachhinein nicht erklären kann, blieb ich nun doch an seiner Seite stehen, mit einer heiter hingeworfenen Frage: »Wie geht's Ihnen denn heute?«

Meine Stimme hatte sich sekundenschnell in diese heitere Tonlage erhoben, weil ich ihn immer nur strahlend, erfolgreich und also heiter kannte – es wäre falsch gewesen, ihn anders anzusprechen.

Aber diesmal *war* es falsch! Denn nun drehte er sich zu mir um, ich blickte in sein Gesicht, sah seine rotgeweinten Augen, die Aura um ihn war voller Traurigkeit.

»Meine Frau hat mich verlassen«, sagte er mit stockender Stimme. Ich wußte natürlich sofort, daß es hier nicht um Scheidung ging, dafür waren die beiden viel zu sehr ein Paar, zusammengeschweißt über Jahrzehnte, mit Kindern, ein Paar, für das das Gelöbnis »bis daß der Tod Euch scheidet« keine Floskel war.

Nun berichtete er, daß seine Frau vorgestern gestorben sei, »in der Intensivstation«, ein Schmerzanfall hätte sie vor ein paar Tagen überwältigt, dann sei der Arzt gekommen, dann der Krankenwagen, dann das grausame Warten am Krankenbett, »aber sie hat das Bewußtsein nicht mehr wiedererlangt«.

Seine Tochter sei sofort zu ihm gekommen, nur mit einem kleinen Koffer, sie würde auch in den nächsten Wochen um ihn sein. »Es ist schön, in solchen Tagen eine Tochter zu haben.«

Der alte Herr beugte sich zu mir vor, er sprach davon, daß die Tochter ihm nun etwas von der Liebe zurückgeben würde, die er zeitlebens für sie empfunden hatte.

Ich sagte, dies sei doch sicher ein kleiner Trost, und er meinte, daß nicht jeder Mann in einer solch »glücklichen Lage« sei wie er.

✳

Väter und Töchter – das ist ein geheimnisvolles Wechselspiel, mit keiner Beziehung vergleichbar, eine Liebe, die auch im Tempo des dahinfliegenden Lebens Bestand hat, »auch wenn wir manchmal nur einmal im Monat telefoniert haben«.

Bis dann eines Tages ... Der alte Herr erkennt plötzlich, wie sehr mich die Nachricht erschüttert, und so gibt er mir die Hand, als ob – verkehrte Welt! – er mich nun trösten müsse. »Machen Sie sich keine Sorgen«, sagt er zu mir, »wenn ich jetzt nach Hause

komme, ist meine Tochter da, da kann nichts passieren, da kann wirklich nichts passieren«.

Ich mußte an die Worte des griechischen Dichters
Euripides denken: »Für einen greisen Vater gibt's
nichts Holderes als eine Tochter.« Zweitausend Jahre
Menschheitsgeschichte haben an dieser Wahrheit
nichts geändert, auch wenn wir uns – modern wie wir
sind – heute schwertun, von »holden Töchtern« zu
sprechen. Aber sie gibt es, und sie sind da, wenn sie
gebraucht werden.

Die »Talk-Show-Epidemie« – und was Goethe dazu sagen würde

Das Fernsehen ist von einer Epidemie befallen, die sich mit der Geschwindigkeit und Hartnäckigkeit einer Hongkonggrippe wellenförmig auf allen Kanälen immer weiter ausbreitet – die »Talkeritis«.

Wohin du auch mit der kleinen Wunderwaffe Fernbedienung zielst, du kannst sicher sein, entweder sofort oder Minuten später auf das zu treffen, was sich etwas hochtrabend Talk-Show nennt – eine Mogelpackung, denn die Showeffekte, die Auge und Ohr verwöhnen, sind doch eher spärlich.

Die Dompteure, die die Gäste im Zaum halten sollen, weil es sich meistens um grandiose – und gnadenlose! – Selbstdarsteller handelt, verraten gerne, »daß es vor allem auf die Mischung der Gäste ankommt«.

Wenn ein tiefgekühlter Nadelstreifenmanager neben einer Ulknudel sitzt, ein feinsinniger, aber bisher leider total unbekannter Literat neben einem aufdringlichen Wunderheiler, dann ist das Rennen schon fast gelaufen.

Daß sich die »Talkeritis« so ausbreitet, hat natürlich auch damit zu tun, daß die Sender auf diesem Wege relativ preiswert zu einer Live-Sendung kommen, die gegenüber jeder Konserve den prickelnden Vorteil hat: Es könnte ja noch irgend etwas Schlimmes passieren, eine Beleidigung, ein Eklat gar.

Ein weiteres Erfolgsgeheimnis: Die Talk-Show enthebt uns der Verpflichtung, selbst zu denken, zu reden. Und neidlos muß man zugeben, daß viele Gespräche wirklich weitaus interessanter sind, als wir sie mit unseren privaten Gästen zu Hause je zustande bringen.

Das Zuschauen lohnt aber noch aus einem anderen Grund: Wir können auf unterhaltende Weise etwas sehr Wichtiges lernen. Denn in der Talk-Show wird uns, wie in einem Lehrfilm, genau jene Kunst vorgeführt, die man unbedingt beherrschen muß, wenn man heute mitmischen will. Ich meine die Kunst, sich das Wort zu erobern, um es dann – nicht wieder loszulassen.

Der simple Trick besteht darin, sofort zu annoncieren, »daß man nur drei Dinge sagen will«. Sollte nach fünf Minuten bei Punkt zwei ein ungeduldiger Zwischenruf kommen, sagt man ganz einfach: »Lassen Sie mich doch bitte erst einmal ausreden« – das ist wie ein Matchball.

Meistens beherrschen diese Kunst nur die Profis: Das sind die Dauer-Talker, die von Sender zu Sender ziehen – Wanderer zwischen den Fernsehwelten. Kein Zuschauer kann ihnen entkommen. Wie im Märchen vom Hasen und vom Igel sind sie alleweil immer schon da.

Die ganze »Talkeritis« ist natürlich, kulturphilosophisch gesehen, nur deshalb so in Mode, weil die einmalige Mixtur von verbalem Exhibitionismus und medialer Präsenz (»Ich habe Sie gestern im Fernsehen gesehen«) für die Akteure geradezu unwiderstehlich ist. Talk-Show als Sucht! Hat man heutzutage nicht sowieso manchmal das Gefühl, daß nur noch die eine Hälfte der Menschheit arbeitet – während die andere inzwischen ganz prima damit zurechtkommt, daß sie nur noch darüber redet, redet, redet?

*

»Heute schon gelebt?« steht auf einem Plakat, das ich kürzlich an einer Kirche sah. Zeitgemäßer wäre die Frage: »Heute schon getalkt?« Denn wer nicht talkt, der redet eigentlich nicht mehr mit.

Und was die Qualität der Talk-Runden angeht, so suchen wir am besten Trost beim Altmeister Goethe, auch wenn er noch nichts vom Fernsehen wußte: »Gewöhnlich glaubt der Mensch, wenn er nur Worte hört, es müsse sich dabei doch auch was denken lassen.«

»Ich bin immer so allein!« –
Notruf aus dem Altenheim

Als die junge Frau in das Zimmer trat, spürte ihr
Mann sofort, daß irgend etwas vorgefallen sein mußte: Die Stimmung, die eben noch so hell gewesen war,
hatte sich in Sekunden verdunkelt.

Er wollte gerade fragen, ob es Ärger mit den Kindern gegeben hätte, da kam ihm seine Frau zuvor:
»Meine Mutter hat mal wieder angerufen, es war
schrecklich!«

Nun wußte er Bescheid! Es hatte also einen weite-
ren Akt in dem Familiendrama gegeben, das seit Monaten alle quälte.

*

Die Mutter seiner Frau wohnte dreihundert Kilometer entfernt in einem Damenstift. Mit allem Komfort,
mit freundlicher Bedienung, mit Arztservice, Lese-
stube, Unterhaltung – alles vom Feinsten, äußerlich.

Gleichwohl fühlte sich die alte Dame in letzter Zeit
einsam, und sie ließ es ihre Tochter wissen. »Ich wurde zehn Minuten lang nur beschimpft«, berichtete
die Frau ihrem Mann, den Tränen nahe. Die anderen
alten Damen um sie herum würden immer wieder Besuch bekommen, von den Kindern, den Enkelkin-
dern – »nur ich bin immer allein.«

Nun muß man wissen, daß ihre Mutter in den letzten Jahren niemals Zeit fand, wenn die Tochter sie beispielsweise einmal bat, für einige Tage zu kommen, und sei es nur zum Einhüten.

Das würde ihr gerade nicht ins Konzept passen, mit kleinen Kindern könne sie sowieso nichts anfangen, das sei alles nicht ihre Welt. Im übrigen sei sie selbst viel zu oft unterwegs, sie sei nun einmal keine »altmodische Großmutter«, sie wolle sich auch keine Fesseln anlegen, »die hatte ich lange genug in meiner Ehe« – da war auch noch der Seitenhieb auf den verstorbenen Mann.

Und wenn sie doch einmal bei der Tochter vorbeischaute, fand sie auch keine Zeit, nicht einmal für ihre Enkelkinder, so sehr drängte es sie, in die Stadt zu fahren, zu Freundinnen aus vergangenen Tagen, ins Kino, ins Theater.

»Deine Mutter kommt eigentlich nur zum Schlafen zu uns, da könnte sie ja auch gleich ins Hotel ziehen«, hatte ihr Mann voller Bitterkeit gesagt, die Tochter hatte es damals nicht gerne gehört, inzwischen wußte sie, daß er recht hatte.

Dann wurden die Besuche seltener, jeder ging – gleichsam im schweigenden Einverständnis – seines Weges, nur zu Festtagen gab es noch, wie der Schwiegersohn sarkastisch bemerkte, »Verwandtschaft satt«.

Aber seit einiger Zeit hagelte es nun Vorwürfe, ob denn die »gute alte Mutter« schon abgeschrieben sei.

Was aber nie kam, war ein Wort der Nachdenklichkeit über das Versäumnis der Vergangenheit. Kein

Wort der Erkenntnis, daß die Liebe der Kinder nicht ständig einseitig angemahnt werden kann. Daß die Liebe überhaupt nicht auf Kommando abrufbar ist.

*

Einsamkeit im Alter kann – oft ohne jede Schuld – grausam sein. Sie kann aber auch der Preis sein, den man eines Tages zahlen muß, wenn man aus dem Wechselspiel der Liebe ausgestiegen ist, weil man »sein eigenes Leben« leben wollte.

Aber das wollen viele der einsamen Alten natürlich nicht wahrhaben. Und dann rufen sie mit vorwurfsvoller Stimme an: »Womit habe ich denn eigentlich verdient, daß ihr mich in meiner Traurigkeit allein laßt?«

Fußgänger, laß alle Hoffnung fahren

Lieber Freund, bist du ein Fußgänger, ein ebenso schlichter wie rechtloser Fußgänger, laß alle Hoffnung fahren, daß du jemals wieder ungestört und unbelästigt deines Weges gehen kannst, denn der Bürgersteig, der dir zugedacht ist, gehört dir längst nicht mehr allein.

Irgendwann hat es damit angefangen, daß man kleinen Kindern gestattete, dort mit dem Rad zu fahren, wo keine Autos sind – und das war gut so.

Dann aber begann – niemand weiß genau, wann und wo – die Eroberung des Bürgersteiges durch die Radler.

Nun bitte, und dies zuvor und ganz deutlich: Nichts gegen »die« Radler. Radfahren ist gesund, eine sanfte Art der Fortbewegung, ist umweltfreundlich, ökonomisch, wunderbar.

Aber Radler ist eben leider nicht gleich Radler. Da sind die Rambos auf zwei Rädern. Sie schneiden deinen Weg, sie brausen in Atemnähe an dir vorbei, sie haben für sich selbst alle Regeln außer Kraft gesetzt, ohne die ein friedliches Zusammenleben nicht möglich ist.

Alleine in München hat die Polizei in einer Schwerpunktaktion innerhalb einer Woche über achthundert rücksichtslose Radfahrer erwischt. Und natürlich fließt auch Blut, gibt es Tote und Schwerverletzte.

Und der Fußgänger, das schwächste Glied der Kette, kommt in die Defensive; er wird sogar mit frechen Klingelzeichen zum Ausweichen gezwungen.

Nun wissen wir natürlich um die Spannungen, die immer dann auftreten, wenn Mensch und Maschine miteinander zu tun haben.

Davon hat schon vor siebzig Jahren der Dichter und Flieger Antoine de Saint-Exupéry berichtet, als er seine Gefühle beim Start schilderte, »wenn der Pilot den Gashebel an sich heranzieht, der Motor sich entzündet, das Flugzeug vom Propeller gepackt wird und losstürmt«. Und dann schrieb er den Satz, den Schlüsselsatz dieses Phänomens: »Von nun an gehört der Pilot einer anderen Welt an.«

Ähnlich Geheimnisvolles muß auch heute in der menschlichen Seele passieren, sobald sich jemand nur auf den Sattel seines Rades schwingt. Nur sind die Radler eben nicht in einer »anderen Welt« der grenzenlosen Freiheit des Himmels, sondern genau dort zuwege, wo es Fülle und Gedränge ohnehin im Übermaß gibt.

Wo aber Druck ist, entsteht irgendwann Gegendruck. Nicht auszudenken, sollten eines Tages die Bedrängten und Verängstigten mit dem Ruf »Wir sind die Fußgänger!« auf die Straße gehen – vorausgesetzt, daß sie es dann noch können und nicht alle Trottoire längst von Radlern besetzt sind.

»Wenn nicht ganz schnell ein Umdenken aller Verkehrsbeteiligten stattfindet, sehe ich schwarz. So rücksichtslos und unverantwortlich ging es noch nie auf unseren Straßen zu«, sagte der Chef der Münchner Verkehrsabteilung zu diesem Radler-Sommertheater.

*

Die Diagnose ist klar, doch wo bleibt die Therapie? Die menschliche Erfahrung lehrt: Wo es die selbstverständlichen Gebote der Fairneß nicht schaffen, müssen Verbote her, so traurig es auch ist. Die Anschnallpflicht, die der eigenen Sicherheit gilt, mußte mit Bußgelddrohungen durchgesetzt werden. Und wie steht es mit der Unversehrtheit anderer Menschen?

Etwas »ausschwingen lassen« – eine Kunst, die wir verlernt haben

Im Unterbewußtsein habe ich es immer gespürt, wenn ich es selbst tat – und im Bewußtsein war es mir, wenn mir ein anderer den Tort antat – aber erst jetzt habe ich erfahren, wie die Meister der Höflichkeit im Land des Lächelns mit dem simplen Problem umgehen, ein Telefongespräch mit Anstand zu beenden.

In Japan nämlich, so wurde ich jetzt belehrt, gilt das Knacken im Hörer, wenn die Leitung plötzlich unterbrochen wird, als blanke Unhöflichkeit. So abrupt darf man seinen Gesprächspartner nicht verabschieden!

Deshalb entschuldigen sich diese freundlichen Menschen gerne mit der Wendung »Shitsurei shimas«, was soviel bedeutet wie: »Verzeihen Sie, daß ich unhöflich bin.«

Und dann wird der Hörer nicht auf die Gabel geknallt, als ob es auf die eine Sekunde ankommt, sondern ganz behutsam zurückgelegt, um wenigstens das unangenehme Geräusch zu dämpfen.

Dieses neue Wissen bringt mich zu der Frage, wie wir es hierzulande eigentlich mit dem »Timing« halten. Und das gilt für alle Augenblicke unserer hektischen Zeit, in der Augenblicke gleichsam atomisiert werden.

Als kürzlich der großartige Sergiu Celibidache in

Hamburg mit Bruckners Achter Symphonie sein Publikum verzauberte, als schon in der Schlußsekunde der Applaus losprasselte, da kam für Celibidache der Beifall eigentlich zu früh. »Er hatte wohl mehr Ergriffenheit erwartet«, wie das *Hamburger Abendblatt* notierte.

Es ist etwas Geheimnisvolles um den »richtigen« Augenblick: Mal muß man ihn blitzschnell am Portepee fassen, ein anderes Mal wünscht man sich – nach einem Dichterwort – nur eines: daß er »verweilen« möge.

Aber wir tun uns schwer: Weder lassen wir so etwas Profanes wie ein Telefonat noch so etwas Herzbewegendes wie einen Kunstgenuß »ausschwingen«.

Ein Freund von mir ist noch heute fest davon überzeugt, daß er das Glück seines Lebens verpaßt hat. In den letzten Kriegstagen lernte er in einem Luftschutzkeller eine wunderbare Frau kennen: Leider versäumte er allerdings, sie in diesen unwiederbringlichen Sekunden um ein Wiedersehen zu bitten.

Von den gescheiterten Karrieren, den zerbrochenen Beziehungen, den Timing-Fehlern in der Politik will ich gar nicht reden, die alle eine Wurzel haben: daß uns das Gespür abhanden gekommen ist zu erkennen, wann der entscheidende Moment »da« ist – nicht früher, nicht später, nein: jetzt!

Und wenn wir tief in uns hineinhorchen, wissen wir auch den Grund: Weil wir mit einem Tempo durch unser Leben rasen wie keine Generation zuvor, weil wir »Druck machen«, schnelle Erfolge sehen wollen – lebensgierig und atemlos –, und weil wir diese kleinste Zeiteinheit inzwischen so geringschätzig behandeln wie den Pfennig – als sei sie nichts wert.

Aber wir bezahlen dafür! Und so opfern wir Höflichkeit oder Ergriffenheit, Liebenswürdigkeit und Leichtigkeit. Anstatt hin und wieder innezuhalten, um ganz einfach zu uns selbst oder zu anderen zu sagen: »Bitte nicht so schnell, einen Augenblick noch...«

Beim nächsten Mal wollte
er sich »unbedingt« melden

Natürlich war es ihm peinlich, und eine leichte Röte zog über sein Gesicht, als wir uns plötzlich auf dem Hamburger Jungfernstieg buchstäblich in die Arme liefen, ein irrer Zufall, ich wollte es nicht glauben, mein Freund wohnte ja in einer anderen Stadt, und hatte er nicht fest versprochen, daß er sich bei seinem nächsten Besuch hier »unbedingt« melden würde? Aber jetzt war er da, »nur für ein paar Stunden«, – und er hatte sich nicht gemeldet!

Nun standen wir, die wir uns seit Monaten nicht gesehen hatten, ein bißchen verlegen mitten auf der Straße, schoben ein paar Geschäftsfloskeln hin und her. »Wie geht's dir, alter Junge, was macht deine Frau?« – »Gut siehst du aus, wo hast du die Ferien verbracht?« Wir traten sogar an eine Häuserwand, um den Strom der Passanten nicht zu stören, um selbst ungestört zu reden, aber ein Gespräch, ein richtiges Gespräch – es wollte und wollte nicht in Gang kommen.

Ja, es war ihm unbehaglich zumute, er fühlte sich ertappt, sprach hastig von Flugverspätungen, von den drei Terminen in fünf Stunden, die er hier zu absolvieren hat. »Ich hätte dich heute nachmittag noch angerufen, das doch wenigstens« – er sagte es so, als ob er mich trösten wollte. Und ich sagte etwas, was auch eine Maschine in dieser seltsamen Situation von sich gegeben hätte: »Macht doch nichts, ich versteh' das ja, beim nächsten Mal ruf doch vorher an, damit es mit dem Wiedersehen klappt, wäre doch schade, wenn wir uns verpassen.«

Dann, etwas zu eilig, ein Händedruck, ein Schulterklopfen sogar, mein Gott, man ist ja schließlich befreundet, es hatte ja auch hin und wieder Telefongespräche gegeben, das Band hielt noch, war nicht zerrissen – und doch dachte ich, als er sich abwandte: Eigentlich hätte er sich ja melden können, die Zeit für eine Tasse Kaffee hätte er doch haben müssen. Aber so war es nun einmal: Er war in meine Stadt gekommen – und ohne diesen Zufall hätte ich nichts davon erfahren.

*

Später verwandelte sich meine Enttäuschung in Verstehen: So wie ihm geht es heute all den Vielbeschäftigten, den Eiligen, den Managern, die von Stadt zu Stadt fliegen, die ihre Termine »durchgebucht« haben, die sogar schon im voraus wissen, wie lange sie mit jemandem sprechen werden, als ob man ein gutes Gespräch wirklich in ein Zeitkorsett zwängen könnte! Die dann weiterhetzen, um all die Themen »abzuhaken«, die noch auf der Agenda stehen.

Immer geht es dabei um Erfolg, Geschäfte, Effizienz, um Ergebnisse – »der Schornstein muß schließlich rauchen« – und Zeit haben sie noch viel weniger als Geld. Läuft der Minutenzeiger für uns alle nicht schneller als der Stundenzeiger?

Und eines darf es bei ihnen nicht geben: Verzögerungen, Verspätungen, Irritationen. Ist eine Verhandlung doch einmal früher zu Ende, kommt sofort die Bitte: »Darf ich mal eben kurz telefonieren?« Und schon wird der nächste Termin nach Möglichkeit vorgezogen – keine Zeit für Stadtbummel, Schaufenster, von einem schnellen Flirt ganz zu schweigen. Die Frauen können es bestätigen: Die geschäftigen Herren in Grau mit den kleinen, schmalen Aktenkoffern, in den Früh- und Abendmaschinen unterwegs, haben derlei Spiele längst aufgegeben; sie rennen auf der Straße des Erfolges, atemlos, karrierebewußt, stromlinienförmig – und für Spontanes, Unvorhergesehenes, was man also nicht mit Zahlen erfassen kann, fehlt ihnen das Kostbarste: die Zeit.

Trifft aber einer dieser ewig Eilenden unverhofft doch einen guten alten Freund, dann steht er etwas hilflos am Straßenrand, stottert ein paar Entschuldigungen, verspricht, beim nächsten Mal »ganz bestimmt« vorher anzurufen. »Wir bleiben in Verbindung, ist doch klar.«

*

Gewiß: Gute Freunde können warten! Aber man sollte gute Freunde nun auch nicht zu oft zu lange warten lassen! Sonst droht etwas zu zerbrechen, was man nicht zurückverhandeln kann.

Der alte Herr und die Weihnachtspost, die er nicht haben wollte

Wie mag es ihm ergehen? fragte ich mich plötzlich, denn ich hatte lange Zeit nichts von ihm gehört. Auch seine Grüße zum Jahreswechsel waren nicht, wie jahrzehntelang gewohnt, bei mir eingetroffen. Ja, ich hatte auf meine Zeilen nicht einmal Antwort bekommen. Schließlich kann er sich ja melden, dachte ich für einen Augenblick – aber dann rief ich ihn doch an.

Nein, sagte der alte Herr am Telefon, das hätte nichts mit mir zu tun. Er hätte zu Weihnachten und Silvester diesmal überhaupt keine Karten verschickt, er habe sich bewußt aus dem Rummel der gegenseitigen Glückwünsche ausgeklinkt, schließlich sei er nun über siebzig, »da muß man langsam weise werden«.

Aber als ich ihn jetzt nach seinem Befinden fragte, jammerte er nur: »Meine Finger sind schon ganz wund vom vielen Briefeschreiben.«

Denn natürlich hatte er all die Karten bekommen, die mit Goldrand, die lustigen und die besinnlichen, die sich eine phantasiereiche Glückwunschindustrie hat einfallen lassen.

Aber weil es für Nachzügler nichts Vorgedrucktes gibt, mußte der Meister jetzt selbst zur Feder greifen und genau das tun, was immer mehr aus der Mode kommt: Er mußte Briefe schreiben. »Mit der Hand, man weiß ja, was sich gehört.«

Briefe an Freunde und Bekannte erlauben nicht die stereotypen Kürzel, die selbst gutgemeinte Festtagspost oft so unpersönlich erscheinen läßt. Da braucht man schon ein paar Einfälle mehr.

»Das erfordert Zeit«, sagte der alte Herr, »man muß sich ja mit jedem einzelnen Menschen beschäftigen, über ihn nachdenken, etwas ganz Persönliches schreiben, da kann man nicht mogeln.«

Und dann gab er zu, wie gut ihm dennoch die Post getan habe. »Irgendwie war es schön, zu erfahren, daß man nicht ganz vergessen ist«, sagte er. Und dies genau war der verräterische Satz.

Denn natürlich gilt, daß wir uns alle an die Spielregeln halten müssen, solange wir im Spiel des Lebens mitspielen. Da gibt's kein Aussteigen. Gruß und Gegengruß gehören dazu. Jeder Mensch braucht sein Echo.

Wenn wir tiefer schauen, haben die rund dreißig Karten den alten Herrn davor bewahrt, seinen Fuß in jene gefährliche Einbahnstraße zu setzen, die unweigerlich zur Endstation Einsamkeit führt.

Und Einsamkeit ist nach einem Dichterwort ein dichter Mantel, unter dem das Herz friert. Einsamkeit macht, daß man im Buch seines Lebens plötzlich so schrecklich leere weiße Seiten findet. »Der Einsame ist schließlich nur noch der Schatten eines Menschen« (George Sand).

Natürlich haben wir die Diskussion schnell been-

det, ob es falsch oder richtig war, das »Theater der
Grußbotschaften« nicht mehr mitmachen zu wollen.

Wir waren uns einig, daß wir auf die Stichworte der
Zuneigung, die uns zugerufen werden, reagieren müssen. Und daß es noch besser ist, selbst ein Zeichen zu
geben. »Insofern haben solche Grüße doch einen
Sinn«, gab der alte Herr endlich kleinlaut zu.

Und dann lachte er noch: »Entschuldige, ich muß
jetzt aufhören und weiterschreiben. Wer wie ich zu
spät kommt, den bestraft nämlich der Weihnachtsmann.«

»Das Büfett ist eröffnet« –
und schon naht der Gourmet-Hai

Da kommt er schon, der Hai! Er beugt sich gierig vor, schnappt zielstrebig nach Hummern, Austern, Trüffeln, am Büfett läßt er nichts aus, was gut und teuer ist – denn jetzt im Herbst beginnt wieder seine Saison, seine Jagdzeit, da sich das Karussell der Feste und Bälle bis Silvester von Woche zu Woche immer schneller dreht.

Wodurch überrascht uns der Büfett-Schreck? Er überrascht zuerst durch seinen unglaublichen Fernblick, mit dem er – schon beim Betrachten des Raumes – blitzschnell inmitten all der vielen Delikatessen die Schwerpunkte ausmacht: Suppen, Salate – gut und schön, Käse auch nicht schlecht, Mousse au chocolat wunderbar. Aber dabei darf man sich um Gottes willen nicht verzetteln – darum also erst mal ran an die Highlights, als da sind Gänseleber, Lachs, Spargel, allerlei Krusten- und Schaltiere.

Der Könner, der Meister – der Hai eben! – tritt übrigens in diese Schlacht am Büfett nicht arglos wie ein Schlachtenbummler ein, er geht vielmehr streng strategisch vor – und sein Gaumen ist ganz auf Sieg programmiert.

Das bedeutet: Er ist entweder unter den ersten fünf, wenn nach endlosen Begrüßungsansprachen endlich die erlösende Parole »Das Büfett ist eröffnet«

erklungen ist, oder aber er meidet den Stau vor dem Hors d'œuvre völlig, wählt sofort die Umgehung, indem er sich ebenso frech wie geschickt, aber immer ganz locker – am besten sogar mit einem Scherzwort – genau dort in die Schlange einfädelt, wo die Küche ihre teuersten Visitenkarten abgegeben hat.

Natürlich wäre es töricht, ausgerechnet bei einem Büfett an Diät zu denken – und der naseweise Rat, wer abnehmen möchte, sollte keine Vorspeise essen und auf den Nachtisch verzichten, hat im Angesicht der weißen Kochmützen ohnehin nichts verloren.

*

Keine Angst also: Ein Büfett-Hai langt immer richtig hin! Er ist ein Pyramidenkünstler: Da die Teller in der Horizontalen begrenzt sind, baut er eben in die Höhe, ein ganzes kleines Gebirge aus Langusten darf es schon sein, nicht wahr? Nur keine Zimperlichkeit, wußte nicht schon Goethe, »nur die Lumpen sind bescheiden«?

Und während die anderen, die harmlosen Zierfische, langsam angeschwommen kommen, beugt er sich längst genüßlich über seine erste Beute. Natürlich bleibt es nicht dabei, das Büfett erscheint fast wie ein Perpetuum mobile der Gaumenfreuden, bis es schließlich dann doch »geplündert« ist.

Jetzt sieht es plötzlich inmitten all der Delikatessen wie im wirklichen Leben aus: die Braven, die Ordentlichen, die Bescheidenen, die sich selbst und ihre Gelüste – die sie natürlich auch haben – immer wieder zurücknehmen, sitzen bei Kartoffelsalat und Käse, starren auf die Hummerscheren beim Nachbarn und denken insgeheim: Das nächste Mal, da drängel' ich auch.

*

Aber: Sie werden es nicht können. Entweder ist man Hai – oder man ist es nicht! Trotzdem guten Appetit!

»Drei tolle Tage in New York« –
lohnt sich denn so eine Reise?

Nicht, daß ich ihn nicht wiedererkannt hätte, als er
bei einer Festlichkeit plötzlich vor mir stand – nein,
nichts dergleichen.

Und doch mußte ich, kaum daß ich ihn erblickte,
meinen Schrecken verbergen, denn er schien mir in
der Zeit, die wir uns nicht gesehen hatten – und das
waren nur ein paar Monate –, um Jahre gealtert zu
sein.

In seinem Blick war etwas Irrlichtiges. Er wirkte
überanstrengt. Er hatte ein Kraftfeld um sich, nicht
meßbar, aber doch zu spüren.

Er käme gerade aus New York zurück, rief er begeistert aus, die Stadt sei zwar auch nicht mehr, was sie
mal war – »immer dreckiger, immer ärmer, immer ge-
fährlicher« –, aber es sei doch ein toller Trip gewesen,
»drei Wahnsinnstage«.

Ob sich eine solche Blitzreise denn lohnen würde,
wollte nun eine Frau wissen, die sich zu uns gesellt
hatte, worauf er lachend meinte: »Nur wenn ich reise,
lebe ich.«

Nun berichtete er, daß er zwei Wochen zuvor in
Kairo war, davor in London, davor in Paris, davor in
. . . davor in . . . – er konnte Städte aufzählen wie Per-
len auf eine Schnur, die sich gleichwohl um seinen
Hals zu legen und ihn abzuschnüren schien.

»So könnte ich nicht existieren«, sagte die Frau – der Gedanke an lange Flüge und andere Strapazen würde sie geradezu schütteln.

Der Mann, der gestern noch auf dem Broadway sein Glück gesucht hatte, verriet uns dann den Grund für seine Umtriebigkeit: »Du mußt jeden Tag leben, als sei es dein letzter, das ist die einzige Maxime, die ich kenne, in dieser verrückten Zeit mehr denn je.«

Mit anderen Worten: herauspressen, was Zeit und Geld nur hergeben.

Die Frau neben mir und ich, wir wechselten für eine Sekunde einen Blick, der sagen wollte: Irgendeiner von uns dreien muß hier etwas falsch machen.

*

Natürlich denkt man, daß die Wundertüte des Lebens mehr bereithalten könnte als das kleine Hickhack im Büro, den abendlichen Weg um den Block, das meist vergebliche Suchen nach Vergnüglichem auf dem Bildschirm, da man doch meist nur auf das versammelte Elend dieser Erde stößt – spätestens bei den *Tagesthemen.*

Da kommt so ein Tausendsassa gerade recht, der an der Bar fragt, ob er ausnahmsweise auch mit Dollars zahlen dürfe, weil er noch nicht hatte zurücktauschen können.

Die Frau, die bekannt hatte, daß sie »so nicht existieren könnte«, meinte nur, sie brauche nichts anderes als einen »überschaubaren Tag«. Einen Tag

ohne Aufregungen, ohne Untiefen, ohne Überraschungen, ohne unterirdische Stromschnellen, die
ihr Lebensschiff zum Kentern bringen könnten.

Aber ein kleiner Stachel muß doch bei ihr zurück-
geblieben sein, denn bei dem Stichwort Paris hatte sie
mit einem Hauch von Wehmut gesagt: »Da war ich
zuletzt vor fünfzehn Jahren, eine viel zu lange Zeit.«

So ist das, wenn zwei Welten aufeinanderstoßen –
die der in sich Ruhenden und die der um den Globus
Rasenden.

Wenn plötzlich der Mann nicht mehr allmorgendlich das Haus verläßt

Ein schnell hingehauchter Kuß für seine Frau, ein letztes Winken, dann stürmte er von dannen. Der Manager hatte es nun eilig, die Frühkonferenz wartete – und heute wollte er endlich Klartext reden.

Und seine Frau? Sie ließ die Tür ins Schloß fallen, nicht ohne einen Seufzer der Erleichterung. Denn nun lag wieder ein langer Tag vor ihr, wie ein wunderbarer, weicher Teppich. Ein Tag, der ihr gehörte, den sie sich einteilen konnte, wie sie wollte.

Zuerst vielleicht ein paar Telefonate mit Freundinnen, dann etwas Gymnastik, ungestört. Dann eventuell ein Stadtbummel, Einkaufen für den Haushalt, man hatte ja schließlich seine Pflichten.

Zwischendurch ein Blick in die Magazine, mal schauen, was Paris und Rom für den Frühling empfehlen, beim Hochglanzfoto von Capri oder Venedig ins Träumen geraten – Frau, was willst du mehr?

Dann aber fiel ihr Blick plötzlich auf eine Schlagzeile. Vom »modernen Heimarbeiter« war da zu lesen, sie wollte schon weiterblättern, bis sie entdeckte: Hier sind ja die Manager gemeint, die demnächst von zu Hause aus arbeiten können.

Sie erfuhr etwas von »Multifunktionsterminals« in einer »dezentralisierten Bürolandschaft«, von Telekomanschlüssen ins private Heim, von Kostenersparnis, »eigenem Zeitkonto« des Managers, von rapide zunehmender »Flexibilisierung des Arbeitsplatzes«.

Da wurde von Laptops berichtet, kleinen Zauberkästen, winzigen Alleskönnern, mit denen die Manager dirigieren und delegieren können – ohne auch nur einen Schritt vor die eigene Haustür setzen zu müssen.

»Nicht auszudenken!« war ihr erster Gedanke. Zwar hatte sie den Loriot-Film *Pappa ante portas* schon gesehen, aber das ganze Theater »Mann plötzlich im Haus« war für sie ja noch so weit weg, denn ihr Göttergatte hatte ja noch zehn Jahre vor sich, ehe für ihn, wie er gerne sagte, das »Fallbeil der Pensionierung« niedersausen würde.

Was war die Erfindung des Feuers, des Atomstroms, des Flugzeugs, was war sogar der Flug zum Mond gegen diese unheimliche Laptop-Revolution?

Sie spürte nur eines: Die Technik kam auf leisen Sohlen durch die private Türritze, sie machte keine Faxen, sie konnte sogar selber faxen.

Schon sah sie ihr Leben ohne Zeitkorsett bedroht. Die Wohnung den lieben langen Tag für sich alleine zu haben, das schien bisher ein Komfort zu sein, den ihr niemand streitig machen konnte.

Sie war deshalb, durch die aufregende Lektüre sensibilisiert, höchst neugierig, als ihr Mann abends mit einem Paket nach Hause kam.

Nein, sagte er auf ihre Frage, dies sei leider kein neues Kleid für sie, dies sei nur ein Laptop, »aber davon verstehst du nichts«.

Und ob sie was verstand! Es überfiel sie das beklemmende Gefühl, daß soeben die Zukunft einen
Fuß auch in ihr Wohnzimmer gestellt hatte – und sie
wußte im Augenblick wirklich nicht, ob sie nun wei-
nen oder lachen sollte.

Aber daß man sich heute nicht einmal auf eine bisher so klare Sache wie »Der Mann verläßt allmor-
gendlich das Büro« verlassen kann – das wußte sie
nun plötzlich ganz genau.

Im neuen Büro – supermodern, aber total verloren, unglücklich

Das Haus, in dem sein Büro lag, war alt, uralt, es hatte den Feuerstürmen der Bombennächte getrotzt, auch das glitzernde Wirtschaftswunder hatte kaum etwas verändert, es wurde immer nur sparsam renoviert – und doch fühlte er sich hier geborgen und glücklich.

»Es ist hier halt so gemütlich«, sagte er zu Besuchern, wenn er glaubte, er müsse sich für die Spuren der Vergangenheit sogar entschuldigen.

Jetzt wollte ich wieder zu ihm. Wir verabredeten eine Zeit, und am Schluß des Telefonats sagte er: »Übrigens, wir sind umgezogen, ein paar Straßen weiter, ein supermodernes weißes Haus, nicht zu verfehlen. Aber bekomme bitte keinen Schreck.«

⁎

Am nächsten Morgen ging ich durch endlose Korridore, gespenstische Schluchten, Tür an Tür saßen sie dort durchnumeriert: die Sekretärinnen, die kleinen Chefs, die großen Bosse – Ingmar Bergman hätte hier einen Film über die Verlorenheit des modernen Menschen drehen können.

Kein Tageslicht fiel in diese Gänge, nur bläuliches Neonlicht aus Röhren – eine Stimmung wie in einem Sanatorium.

»Tritt ein, bring Glück herein«, rief er mir entgegen, »wir können es weiß Gott gebrauchen.« – »Das ist hier doch alles vom Feinsten«, antwortete ich, weil ich seine Ironie nicht verstand.

»Vom Feinsten? Daß ich nicht lache!« entgegnete er, während ich mich umschaute.

Kühl auch hier das Ambiente. Viel Chrom, Stahl, Plastik. Künstliche Blumen, »wegen der Klimaanlage«. Keine Bücherwand. Alles ist glatt hinter Türen versteckt. »Für jedes Buch muß ich den Schrank öffnen.« Das Zimmer sähe so »unintelligent« aus, sagte er. Für Tischlampen habe man Stecker vergessen. Die Außenfassade hätte Vorsprünge, »wenn der Westwind sich dort fängt, dann pfeift es unaufhörlich«.

»Wie ungemütlich es geworden ist, siehst du daran, daß hier seit Wochen kein einziger Geburtstag mehr gefeiert worden ist. Jeder verschwindet abends so schnell wie möglich.«

»Neubau ist eben kein Altbau«, sagte ich, um irgend etwas Besänftigendes von mir zu geben.

»Da kannst du Gift drauf nehmen«, antwortete er und erzählte, er habe gerade gelesen, daß die Architekten, die die schlimmsten Neubaukästen jetzt sogar mit Hilfe einer »Computerarchitektur« bauten, selbst nur allzuoft Altbauwohnungen bevorzugen. Wie beispielsweise Hans Scharoun, nun wirklich einer der ganz großen Baukünstler: »Und der ist privat in seinem sozialen Wohnungsbau geblieben.«

Büro sei schließlich Büro, sagte ich. Aber er zischte nur: »Hör auf!« und zog sich den Mantel an. »Laß uns auf ein Bier in eine kleine, wirklich gemütliche Kneipe gleich nebenan gehen.«

*

Diese Kneipe lag, wie ich fünf Minuten später sah, in einem Altbau. »Hier fühle ich mich endlich wieder wie ein Mensch«, rief er. Und der Wirt hinter der Theke in seinem altmodischen, niedrigen, verwinkelten und total verräucherten Zimmer? Er verstand nicht, wovon die Rede war – wie sollte er auch!

Wie kommt es, daß Liegestühle, die nicht besetzt sind, doch »besetzt« sind?

Ferienfreunde, es ist zum Verzweifeln, aber der Krieg ist noch immer nicht zu Ende! Es wird vermutlich eher allen Kriegen der Garaus gemacht, bevor dieser eine Krieg endlich einmal aufhört: der »Handtuch-Krieg« in den großen Ferienhotels, wie ich ihn in diesen Tagen tief im Süden gerade wieder zum Saisonbeginn erlebt habe.

Da schleichen sie zu früher Stunde, kaum daß sich die Sonne wie ein glutroter Ball über dem Meer erhoben hat, aus ihren Zimmern, huschen über die Korridore, eilen dem Strand oder Swimmingpool entgegen, den Blick starr auf den am Abend zuvor ausgekundschafteten, strategisch besten Punkt gerichtet, an dem sie den Tag verbringen wollen, und legen, ein bißchen verschämt um sich blickend, Handtücher auf die Liegestühle, um sich dann, als sei nichts geschehen, wieder davonzustehlen.

Ich weiß nicht, ob diese Besatzermentalität eine deutsche Erfindung ist, aber daß die »Weltmeister im Reisen« es auch hier zu einer unerbittlichen Meisterschaft gebracht haben, verrät eine Menge über dieses Talent: Immer vorneweg und total durchorganisiert von jener ersten Sekunde des Tages an, den man eigentlich mit südlicher Lässigkeit und im Gefühl der unendlichen Leichtigkeit des Seins genießen sollte.

Doch wenn die Frau, noch halb schlafend, ihren Mann ruft: »Heute bist du dran!«, worauf er sporn-streichs mit den Handtüchern »in Aktion« tritt, dann weiß man: Auch im Paradies wird nichts dem Zufall überlassen.

Aber nach dem uralten Gesetz, demzufolge Druck Gegendruck erzeugt, wächst nach meinen Beobach-tungen auch der Widerstand. So amüsierte ich mich königlich, als ich eine italienische Großfamilie sah, die die Tatsache der besetzten Liegestühle einfach ignorierte, die Handtücher mit Nonchalance beiseite legte, um es sich gemütlich zu machen. Voller Span-nung erwartete ich nun die Ankunft der »Besatzer«. Und was geschah? Nichts, absolut nichts!

Aber vielleicht war es auch nur ein Zufall: Wenn es bereits beim Kampf um einen Parkplatz immer wie-der Mord und Totschlag gibt, warum dann nicht auch eines Tages um einen freien und dennoch besetzten Liegestuhl in einer Ferienanlage?

In diesem Zusammenhang muß leider – zur War-nung! – noch von einer Eskalation des »Handtuch-Krieges« berichtet werden – gleichsam die atomare Schwelle, die neuerdings überschritten wird. Es gibt sogar Leute, die noch die benachbarten Liegestühle beschlagnahmen, um sie, wenn das Gedränge später immer größer wird, auf Anfrage nur dann freizuge-ben, wenn ihnen die Nachbarn sympathisch sind. Das ist in ihren Augen dann die Perfektion der Illu-sion, sich auch in den Ferien wie zu Hause benehmen zu können: selbstbewußt bis zum Gehtnichtmehr.

Täuschen wir uns nicht: Auch wenn der »Hand-tuch-Krieg« eigentlich nur eine Bagatelle ist, so drückt er doch gerade in den »schönsten Wochen des Jahres« wie ein Stein im Schuh. Vielleicht kommen wir ohne ein Urlaubsgesetz nicht mehr aus. Einer der ersten Paragraphen müßte dann lauten: Ein Liegestuhl, der »besetzt« ist, ohne wirklich besetzt zu sein, ist nicht besetzt.

Sehnsucht in fremden Städten:
»Es gibt keinen Ku'damm in Toronto!«

Es gibt magische Städte, bei denen es genügt, nur
ihren Namen zu hören – und schon schwingen sich
die Gedanken ein in eine geheimnisvolle Melange
aus Erinnerung und Sehnsucht.

Jerusalem ist für mich eine solche Stadt – einmal
wieder die Via Dolorosa entlanglaufen, auf Jesu Spuren. Paris – möglichst an einem Maitag, mit Blick auf
Notre-Dame. New York – die spiegelnden Fassaden
der Wolkenkratzer mit den Blicken abtasten und staunen. San Francisco – über die nebelverhangene Brük-
ke nach Sausalito fahren, Bäume berühren, die zweitausend Jahre alt sind. Rom – von der Engelsburg
hinüberschauen zum Petersdom und Vatikan.

Und dann gibt es Städte, bei denen die Phantasie
sich nicht aufschwingt, so schön und groß sie auch
sein mögen.

Toronto war für mich eine solche Stadt.

✳

Vierundzwanzig Stunden habe ich nur für die Kana-
dische Metropole. Landung in der Dämmerung. Der
höchste Fernsehturm der Welt ragt über fünfhundert
Meter in den rotblauen Abendhimmel, ein stählernes
Ausrufungszeichen: Seht her, was Mensch und Technik zu leisten vermögen.

Am nächsten Morgen starte ich früh zum Stadtbummel, treffe auf einen Mann, etwa siebzig Jahre alt, erkundige mich nach dem Zentrum.

Er schaut mich kurz an, fragt dann knapp: »Deutscher?«, was ich bejahe, worauf er vom Englischen direkt in seine Muttersprache mit Berliner Dialekt wechselt. »Ins Zentrum?« Er überlegt, wie er mich am besten lotsen soll.

»Ja, ich suche – wenn ich das so sagen darf – den Ku'damm von Toronto.« Da kommt, mit einem langen Seufzer, der Satz, den ich nie vergessen werde: »Es gibt keinen Ku'damm in Toronto.«

Es gäbe überhaupt nichts Vergleichbares, nicht hier, nicht woanders, er kenne die halbe Welt, einen Kurfürstendamm habe er nirgends gefunden . . .

»Was Sie sagen, klingt melancholisch.«

Nun erzählt er, in den fünfziger Jahren aus Deutschland »geflohen« zu sein, nach den dramatischen Debatten im Bundestag über die Wiederbewaffnung. »Die haben mir damals den Rest gegeben, meine Söhne in Uniform, undenkbar nach 1945.«

»Sind sie denn wenigstens hier glücklich geworden?«

Er überlegt lange. »Glücklich?« fragt er sich selbst. »Ich weiß nicht, aber zufrieden, das ja.«

Er berichtet, daß Peter Ustinov Toronto einmal als ein New York bezeichnet habe, das von Schweizern geführt würde. »Alles ist hier sauber, pieksauber, Rauchverbot sogar auf öffentlichen Plätzen, kaum Kriminalität, aber alles eben ein bißchen steril.«

Dann zeigt er mir den Weg, zwei Straßen weiter sei etwas Leben, »aber damit Sie sich nicht täuschen: einen Ku'damm suchen Sie hier vergebens.«

Er geht davon, ich blicke dem kleinen Herrn nach, der seine nicht mehr einholbare Sehnsucht nach Berlin in sich trägt.

So wie ich nach Jerusalem, New York, San Francisco, Paris, Rom.

Und nichts, was ich in Toronto dann noch sah, hat mich stärker beeindruckt als dieses kurze Gespräch, selbst der Fernsehturm – immerhin ein technisches Weltwunder – ging mir nicht so nahe wie dieses deutsche Schicksal in der Fremde.

Ein Manager glaubt den Worten nicht, die ihn loben – wie schade!

Ach ja, die Manager! Genauer: die Manager im mittleren Management, die noch nicht im Olymp angekommen sind, die aber Tag für Tag sehr wohl wichtige Entscheidungen zu fällen haben – diese Sorte Mensch hat es mit sich und mit anderen schwer!

Da wurde in einer großen Firma per Direktionsrundschreiben bekannt gemacht, daß der Mittel-Manager X vorzügliche Arbeit geleistet habe, alle Zahlen »seiner« Abteilung wiesen steil nach oben.

Für diese nüchterne Feststellung – nur fünf Zeilen, aber immerhin! – hatte Herr X im vergangenen Jahr sein Privatleben geopfert – der Preis der Karriere, den natürlich auch seine Frau mitbezahlt.

Aber ein Anruf des Chefs aus dem Olymp, den der Manager X erhofft hatte, blieb gleichwohl aus, leider.

Zum Trost erinnerte er sich daran, kürzlich in einem Wirtschaftsmagazin gelesen zu haben, daß die hohen Herren sich deshalb so ungern zu einem Lob durchringen, weil die nächsten Gehaltsgespräche dann so hartnäckig würden.

Das ist zwar eine armselige Philosophie, aber es ist immerhin eine.

Dann kamen aber doch noch lobende Worte, von Manager Y, einem im Rang gleichgestellten Kollegen einer benachbarten Abteilung, mit dem er zwar nichts direkt zu tun hat, aber schließlich arbeitete man ja in einem Haus – und für ein Ziel.

Der Manager X nahm die Komplimente entgegen wie ein junges Mädchen eine unverhoffte Liebeserklärung. Warum hatte sich schließlich ein Kollege (!) so spontan, so anerkennend und so freundschaftlich geäußert. Er war für Augenblicke ganz happy, der Manager X aus dem Mittel-Management!

Aber schon zehn Minuten später, als ein paar Unter-Abteilungsleiter zur »kleinen Lage« kamen, als er zur Einstimmung von den Lobeshymnen seines Kollegen berichtete, zog eine Wolke durchs Zimmer.

Denn plötzlich fragte er zweifelnd: »Ich weiß natürlich nicht, was dahintersteckt, aber irgendeinen Grund für diesen ungewöhnlichen Anruf muß es doch geben, nicht wahr?«

Und einer seiner Mitarbeiter, der selbst erst noch Manager im mittleren Management werden wollte, meinte sofort, süffisant lächelnd: »Bei dem Kollegen kommt nun wirklich nichts von nichts. Bei dem ist alles überlegt.«

*

Nun weiß ich, der ich die beiden Herren gut kenne, daß die Wahrheit eine andere ist: Der Mann hatte sich über den Erfolg seines Kollegen ehrlich gefreut und wollte ihn das ganz einfach wissen lassen. So, wie man jemandem spontan mit den Worten »fabelhaft gemacht!« auf die Schulter klopft.

Aber leider können heute die Herren, die, hierarchisch gesehen, nicht mehr ganz unten sind, wo man in der Kantine noch Klartext reden kann, die andererseits aber auch noch nicht im Casino speisen, wo die totale Manager-Herrlichkeit und Einsamkeit versammelt ist, Bekundungen der Sympathie nur noch selten ohne Mißtrauen entgegennehmen.

Dieser Verlust der Unbefangenheit aber ist ein hoher Preis, gerade im Mittel-Management! – wo es doch ohnehin nur wenig Balsam für die Seele gibt.

Mal Wüstenmärsche, mal Gletschertouren – und wo bleibt das Glück?

Wir sind unermüdlich unterwegs. Wir haben tausend Ziele, suchen in Wahrheit aber überall doch nur nach einem: abseits des Alltags die Tür aufzustoßen, die uns in die Gefilde des Glücks führt.

Und immer, wenn wir Glückssucher ins Rennen gingen, standen sie auch schon am Wegesrand: die Heilsverkünder, die uns anfeuerten – allerdings mit wechselnden Parolen.

»Es ist nur die Arbeit, in der du dich vollenden kannst«, riefen die einen, und so trabten wir los. Kaum an der Grenze der Erschöpfung angelangt, hörten wir schon von ferne den nächsten Chor mit einer ganz anderen Losung: »Es ist nur die Freizeit, die dich zum Menschen macht.«

Diese Gurus der Freizeit hatten zwar Stoppuhren, aber nicht, um unseren jagenden Puls zu messen, sondern um uns vorzurechnen, wie viele Stunden wir nur abkoppeln müßten von der »Fron der Arbeit«, um endlich zu uns selbst zu finden.

Und diese magische Formel, die einem Religionsersatz glich, hieß »Selbstverwirklichung«. Eine phantastische Sehnsucht nach Freizeit griff um sich, und weil wir Deutschen alles extrem und ausdauernd machen, geschah dies mit voller Wucht: Zur Leistungsgesellschaft kam die *Freizeitgesellschaft,* dem

Tanz ums goldene Kalb folgte die Flucht zu den Bahamas.

Die Verkünder dieser neuen Tu-nix-Lebensphilosophie verkauften millionenfach ihre zum Teil abstrusen Rezepte. Aber anders als bei den Präparaten, die wir aus der Apotheke holen, warnten sie uns nicht vor den Nebenwirkungen.

Genau diese Nebenwirkungen aber sind jetzt offenkundig geworden: Nach einer Umfrage beklagen bereits über ein Viertel aller Menschen in unserem Land eine neue geheimnisvolle Krankheit. Sie heißt: »zuviel Freizeit«.

Das ist ein erstaunlicher Befund, weil wir doch dachten, mit einer gigantischen »Freizeitindustrie« alles im Griff zu haben – mit Spiel und Sport, mit Jetreisen um den Globus, mit einer raffinierten »Erlebnis-Gastronomie« und einer Hobbykultur, die vor keiner Verrücktheit mehr haltmacht.

Doch jetzt droht Ungemach, jetzt müssen wir erkennen: Wir sind in dieser Freizeitindustrie ja auch nichts anderes als simple Freizeitverbraucher, denen man immer nur neue Feuerreifen hinhält, durch die wir springen sollen.

Aber nun beginnen sich die Freizeitverbraucher zu fragen, was der ganze Zirkus eigentlich soll, in dem sie von einer Attraktion zur anderen hecheln: mal Aerobic, bis der Körper dampft, dann Versenkung in Yoga, mal Wüstenmärsche, mal Gletschertouren, immer gefangen in der zwiespältigen Sehnsucht, die Sinne wachzukitzeln und gleichzeitig zu betäuben.

Von diesen Zweifeln ist es kein weiter Weg mehr zu der Erkenntnis, die so uralt ist wie alles menschliche Leben: daß es auf die Balance ankommt, daß »zuviel Freizeit« eben wirklich »zuviel« sein kann. Und daß diejenigen, die arbeiten, nicht die Trottel sind, für die sie oft gehalten werden. Wer hätte je gedacht, daß heute schon jeder vierte Deutsche von der Köstlichkeit, die die Freizeit doch eigentlich sein sollte, genug haben könnte?

II.
GLÜCKLICH, TRAURIG: IM WOGENGANG DES LEBENS

Welches war der schönste Tag in Ihrem Leben?

Da steht dieser Satz. Er ist zwar nicht in Stein gemeißelt, steht nur auf einem Kalenderblatt, aber er klingt mahnend: »Gib jedem Tag die Chance, der schönste deines Lebens zu werden.«

Der Spruch ist nicht von Kant, Goethe oder einem anderen Philosophen oder Dichter, der tief und lange über unser Dasein nachgedacht hat. Es handelt sich vielmehr um ein »altes Sprichwort«, und der Autor ist »unbekannt«.

Ein Satz, der ins Gebein fährt. Ein Satz, der, morgens – beim Abreißen des Kalenderblattes vom Vortage – gelesen, den bevorstehenden Tag zu einer wahren Angstpartie werden läßt: Denn wie soll man es anfangen, dem vielleicht schönsten Tag des Lebens den Teppich auszurollen?

Soll ich sofort den Koffer packen, die nächste Maschine nach Paris nehmen, um eine alte Sehnsucht auszuleben: einmal noch die Champs-Élysées runterlaufen, bei »Fouquet« schlemmen, im Lido tanzen, die Nacht – die letzte Nacht? – zur Beute machen? Oder soll ich alte Bekannte anrufen, damit wir uns abends in weinseliger Runde treffen – oder was sonst?

Das Büro, das kann es nicht sein! Die Konferenzen, die Akten, die Positionskämpfe, das alles hat das »alte Sprichwort« sicher nicht gemeint.

Ich komme mir plötzlich so hilflos vor: Wie reicht man dem Glück wenigstens den kleinen Finger, damit es vielleicht die ganze Hand ergreift?

Und plötzlich erkenne ich: Es geht gar nicht! Das Sprichwort verlangt zuviel. Das Wunderbare an unserem Leben ist ja gerade, daß jeder Tag morgens wie ein unbekannter Freund daherkommt, den wir erst langsam für uns gewinnen. Und daß wir das unbeschwert tun, frei von hochzielenden Erwartungen.

Ist nicht ohnehin eine nie zuvor erlebte Unruhe in uns geschürt worden, die uns ständig befürchten läßt, am »süßen Leben« vorbeizuleben, im Alltag zu ersticken, die Addition von lächerlichen Kleinigkeiten irrtümlich für die große Summe zu halten?

Wer sich durch die gängigen Lebenskunst-Bücher unserer Zeit hindurchliest, stößt überall auf die einzige ernsthaft dargebotene Erkenntnis, daß nichts so wichtig ist wie das Heute – das Gestern ist vorbei, das Morgen noch nicht da –, und daß wir die Blumen schnell pflücken sollen.

Aber im Trommelfeuer dieser Beschwörungen kann man leicht in die Knie gehen, die eigene Mitte verlieren, die Ruhe obendrein. Wir können nämlich gar nicht so viel leben, wie wir leben möchten.

Doch es gibt Trost, wenn wir zurückblicken: Wüßten wir wirklich genau jenen Tag zu benennen, der bisher der wahrhaft »schönste Tag« gewesen ist? War es der Tag der Hochzeit, war er es? Der erste Landeanflug auf die Skyline von New York zu? Die Geburt unseres Kindes? Oder der Tag, an dem man nach einer schweren Operation aufwachte, wie neugeboren?

Vielleicht war es aber auch nur ein Tag ohne alle Dramatik – ein stiller Tag am Meer, als man mit den Wellen, dem Wind und mit sich selbst in einem Einklang voller Zauber war.

Der schönste Tag kommt immer ohne Vorankündigung, und er nimmt sich – dem Kalender zum Trotz – die Chance selbst. Wir selbst können da nichts, aber auch gar nichts tun.

Den Weg der Freundschaft muß man häufig gehen, damit kein Gras darauf wächst

Meine Frau meinte, ich hätte nun genug getan, ich müßte ihm nicht mehr schreiben, ihn auch nicht mehr anrufen, schließlich habe er sich seit Wochen nicht gemeldet, »sogar deinen Geburtstag hat er vergessen«, auch meine Feriengrüße aus Amerika waren ja ohne Echo geblieben – vielleicht wollte er wirklich nichts mehr von mir wissen.

Ich konnte es mir zwar nicht vorstellen, wollte die Entfremdung nicht wahrhaben, auch wenn meine Frau sagte: »Ich würde an deiner Stelle ganz einfach mal abwarten.«

So gingen weiter Wochen ins Land, bis ich, durch Zufall, doch beschämt wurde.

*

Denn plötzlich erfuhr ich, daß mein Freund seit Monaten zwischen Krankenhäusern und Sanatorien hin- und hergependelt war – nun griff ich doch zum Hörer.

Ja, ich hätte Glück, ich könnte ihn sprechen, sagte eine Dame, die ihn betreut. Er sei seit gestern endlich wieder zu Hause, noch sehr geschwächt, aber zu Hause! Das sei für ihn das Gefühl, wie »im Himmel zu sein«.

Dann war er am Apparat. Seine Stimme klang leise, wie aus weiter Ferne, die Sätze kamen mühsam daher. Und was er mir berichtete, war das Protokoll eines Martyriums.

Er sei wahrlich »durch eine Hölle gegangen«, eine schwere lebensbedrohende Infektion, die Ärzte fanden den Erreger nicht, wußten nicht, welche Waffen sie einsetzen durften, konnten, sollten – geheimnisvolles, rätselhaftes Krankheitsgeschehen.

Er hätte meine Nachrichten empfangen, auch die Karte aus Amerika habe ihn erreicht, aber es hätte ihm einfach die Kraft gefehlt, sich zu melden.

»Ob du es glaubst oder nicht, heute habe ich zum erstenmal seit Monaten wie ein Stein eine Nacht durchgeschlafen, ohne Tabletten, ohne Schmerzen, ohne all die Qualen.«

Zu einer Psychologin, die ihn im Krankenhaus betreute, hätte er gestern gesagt, daß er nur noch einen Wunsch habe: nach Hause zu kommen – und wieder ganz »der alte« zu werden.

Und was hat die Psychologin, die sich in der Seele der Patienten auskennt, ihm geantwortet? »Sie werden nie wieder der ›alte‹ werden. Sie können, ja Sie dürfen nach dem, was sie erlebt haben, gar nicht mehr der alte sein. Sie werden aber etwas viel besseres sein, nämlich der Neue.«

Damit meinte sie, daß er in einer anderen Welt gelebt habe, mit Krankenhaus, Lebensangst und Todesnähe, mit Rückbesinnung – und Selbstbesinnung.

»Das, was Sie durchgemacht haben, das steckt man

nicht einfach weg, da rast man nicht durch wie in einem Auto. Und heraus kommt man in jedem Fall wie verwandelt.«

*

Für mich hielt dieses Telefonat eine doppelte Lektion bereit: nichts aufrechnen und gegenrechnen, lieber einmal zuviel als einmal zuwenig nachfragen. Den Weg der Freundschaft muß man häufig gehen, damit kein Gras darauf wächst.

Und behutsam zu sein, wenn man jemanden wiedertrifft, der gleichsam aus dem stillen Niemandsland heraus an die Front des lauten Lebens den langen einsamen Weg der Krankheit gehen mußte.

Blumen für den Zahnarzt – warum eigentlich nicht?

Irgendwann blicke ich entnervt auf die Uhr, geblendet von der hohen Lichtintensität der Operationsleuchte.

Drei Stunden waren nun schon vergangen, drei quälend lange Stunden. Der Mann mit Mundschutz, mit Latex-Handschuhen steht auf Atemnähe vor mir, kein anderer Fremder kommt mir je so nahe.

Eine beklemmende Ruhe herrscht im Zimmer, nur der Diamantschleifer ist zu hören. Drei endlos lange Stunden beim Zahnarzt.

Drei Stunden, in denen er eine Brücke baut, mit Silikonabdruck, mit Laserstrahl, mit Röntgen, mit all den Wunderwaffen der modernen Medizin.

Drei Stunden höchster Konzentration. Was ist, wenn der Bohrer abrutscht? Wurde nicht gerade ein Arzt verklagt, weil er aus Versehen einem Patienten in den Gaumen geschnitten hatte?

Als ich mich einmal etwas aufrichte, bittet er um Ruhigstellung. »Wir bewegen uns schließlich im tausendstel Millimeterbereich«, sagt er zur Erklärung.

*

Seltsam, wie die Gedanken wandern. Vor dem Fenster steht ein strahlender Sommertag. Geschenkt!

Jetzt müßte man auf Sylt sein – aber was wäre Sylt mit Zahnschmerzen?

Endlich geht zu Ende, was ein Martyrium war – trotz computergesteuerter Fräsung, trotz Betäubung, trotz aller Behutsamkeit. Endlich sagt er: »Das war's!« Nach drei Stunden totaler Konzentration höre ich nur dieses knappe: »Das war's.«

Ich erhebe mich aus dem Stuhl, in dem ich halb saß, halb lag, ich schwanke etwas, die Spritze wirkt noch nach, ich will in einem Anflug von Selbstmitleid über mich sprechen, aber dann denke ich doch an ihn, als ich in sein erschöpftes Gesicht blicke: »Wie halten Sie das eigentlich durch, Herr Doktor?«

»Das macht das Training«, antwortet er nur, mehr sagt er nicht.

*

Ich denke: Wie oft werden sie gescholten, die Ärzte, die Zahnärzte, die ständig im Niemandsland zwischen Gesundheit und Krankheit arbeiten, wie streitet man um ihre Honorare. Und dann sehe ich kurze Zeit später in einer Boutique einen Cashmerepullover, der mehr kostet als die Brücke, dieses Meisterwerk der Präzision.

Als ich ihm am nächsten Tag einen Blumengruß schicke, »aus Dankbarkeit«, da ruft er zurück, bedankt sich seinerseits, so etwas hätte er lange nicht erlebt.

Meine Neugier ist geweckt, ich horche mich um, ob es denn heute noch »dankbare Patienten« geben würde. Und ich erfahre, daß sich das Verhältnis Arzt-Patient »gewandelt« habe, der Patient strebe heute mehr nach »Partnerschaft«, er sei auch »kritischer« geworden, was immer das alles sein mag.

Und schließlich würden die Ärzte ja Rechnungen verschicken, damit sei ja wohl alles abgegolten, nicht wahr?

Wirklich »alles«? Ich kam mir mit meinem Blumenstrauß plötzlich ganz altmodisch vor, weil ich dachte, daß Ärzte, die das Elend der Krankheit und die Schmerzen der Patienten immer vor Augen haben, eigentlich ein bißchen mehr verdienten als nur das, was sie verdienen . . .

Es ist so laut, so voll, so heiß –
warum bist du eigentlich auf diesem Ball?

Plötzlich frage ich mich, mitten auf der Tanzfläche, eingefangen von der Ballnacht, ihren verführerischen Sirenenklängen – »der Höhepunkt der Ballsaison« – warum ich nicht widerstanden hatte: Warum bis du eigentlich hier, was hat dich all die Strapazen ertragen lassen – den Kampf um die Eintrittskarte, die Flugverspätung, die mühsame Hotelreservierung, das Garderobengedränge, all das, was nun um dich herum ist, so laut, so voll, so heiß – ja, warum also bist du eigentlich hier?

*

Längst haben deine Gefühle ein Wechselbad durchlaufen. Traurigkeit kam auf, als eine Jugendfreundin wie hingezaubert vor dir stand. Du hast sie kaum erkannt, auch sie hatte erkennbare Schwierigkeiten – die Zeit bleibt nicht ohne Spuren, nicht bei ihr, nicht bei dir, dein zufriedener Blick in den Spiegel am Eingang täuschte, du hast dich also doch verändert – zum Alter hin. Und an den Chef, der drei Tische weiter sitzt, bis du immer noch nicht herangekommen, weil er von Leuten, die geschickter sind als du, ständig umlagert ist. Dabei hätte es deiner Karriere sicher geholfen. Und der Star aus dem Fernsehen? Er ist bei

Nähe besehen auch nicht so toll wie auf dem Bildschirm.

Gespräche gab es nicht, nur Gesprächsfetzen. »Wir sehen uns noch! Bis später.« Unverbindliches verbindlich zu servieren, das ist die Kunst bei solchen Bällen. Wer mehr will, Wichtigeres, ist zwischen Tanzen und Trinken fehl am Platze.

*

So irrst du, je weiter die Uhr voranschreitet, an tausend Gesichtern vorbei, immer auf der Suche nach einem Gesicht, das du schon kennst. Wehe, wenn es nicht gelingt: Man kann inmitten von Hunderten unerbittlich einsam sein.

Ein paar Beobachtungen bringen dich zum Staunen, vor allem auf der Tanzfläche – da feiern die Fitneßkünstler wahre Triumphe. In dem *Erbaulichen Lexikon der Sittsamkeit* aus dem neunzehnten Jahrhundert hatte ich gelesen: »Bei sehr lebhaften, hüpfenden Tänzen überschreite man nie das nötige Maß. Man überlasse es den niederen Volksclassen in Dorfschänken, ihre Kräfte derart zu erschöpfen, dass sie vom Schweisse triefen und in rother Gluthitze nach Luft schnappen.«

Wer würde es wagen, heute noch einen »Sittenkodex für Bälle« zu schreiben? Wer bestimmt überhaupt, was richtig und falsch ist? Mode, wo ist heute dein Sieg?

Inzwischen ist die Verlosung gelaufen, mit der

»Reise für zwei Personen in die Karibik plus Taschengeld« wurde es wieder nichts, die gewann ausgerechnet ein Reiseleiter, na bitte! – Fortuna ist auch nicht mehr, was sie mal war.

*

Plötzlich also die Frage an sich selbst: War der Ball im vorigen Jahr nicht schöner, lustiger, irgendwie »besser«, ja, wollte man nicht in dieser Saison sogar einmal aussetzen? Doch dann kommt Trost, schon am nächsten Morgen: Da liest du in der Zeitung, daß dies wirklich der »Ball aller Bälle« war, mit vielen Prominenten, Stars, tollen Gewinnen, rassigen Frauen – spätestens jetzt wäre dir unweigerlich der Gedanke gekommen, doch etwas verpaßt zu haben.

Etwas verpassen aber, das ist heute eine Todsünde! Das will keiner. Dabeisein ist alles! Auch wenn viele Menschen, wie Max Frisch einmal sagte, heute das Dabeisein mit Erleben verwechseln. Gilt das auch für Bälle?

*

Wenn Hunderte schön finden, was du hier durchmachst in dieser endlosen Nacht, mußt du es dann nicht auch schön finden? Es sei denn, du bist falsch gewickelt?

Vielleicht geht es aber den anderen genau wie dir – und sie sagen es nur nicht?

Gleichwohl, auf Wiedersehen im nächsten Jahr, beim gleichen Ball, zur selben Stelle!

Dann wollen wir wieder alle miteinander nachschauen, wie wir durch die Zeit und durch die Zeiten gekommen sind. Und uns wieder amüsieren, amüsieren, amüsieren . . .

Wenn wir vor lauter Eiern den Osterhasen nicht mehr sehen

Wieder Frühling, wieder Ostern! Wieder diese wunderbare Jahreszeit, die wir am liebsten festhalten möchten. In der uns der liebe Gott zeigt, wie schön die Welt sein kann. In der wir uns ganz einfach glücklich fühlen.

Und wieder ist es zugleich die Zeit, in der wir erstaunt erfahren, wie wenig eigentlich zum Glücksgefühl dazugehört. Ein Spaziergang entlang einer Birkenallee, unter samtblauem Himmel – allein in Gedanken oder Hand in Hand mit einem Menschen –, das kann's schon sein, mehr braucht es oft gar nicht!

Wenn es da nicht noch ein anderes Gefühl geben würde, das sich – und sei es vielleicht auch nur für kurze Zeit – wie ein Schatten auf unser Gemüt legt: das Gefühl, daß die Zeiger der Uhr von Jahr zu Jahr immer schneller zu laufen scheinen.

*

Vom Verstand her wissen wir natürlich um die physikalischen Gesetze. Wir wissen, daß uns immer das gleiche Maß an Zeit geschenkt wird, solange wir atmen, Jahr für Jahr, Monat für Monat, Tag für Tag.

Aber wie sieht es tief im Innern aus? Da spüren wir, daß die Zeit verschiedene Dimensionen hat, daß sie eben nicht nur »verrinnt« oder »verstreicht«, sondern daß sie sehr wohl auch »dahinjagen« kann in einer manchmal schwindelerregenden Weise.

Auch wenn wir keine Poeten sind, auch wenn uns die letzte Feinfühligkeit fehlt, so verstehen wir doch die leise Melancholie, die sich hinter dem Dichterwort verbirgt: »Leben und Liebe – wie flog es vorbei!«

Und so überfällt uns eine geheimnisvolle Unruhe, wenn der Kalender, der keine Gnade kennt, uns signalisiert, daß der hohe Festtag schon wieder da ist, daß wir in diesen Tagen schon wieder exakt ein Viertel des Jahres »verlebt« haben, das doch gestern noch so unendlich vor uns lag: Es ist die Unruhe, bloß nicht am Leben »vorbeizuleben«.

Denn das ist die unausgesprochene Angst, die wir – vom Wohlstand verwöhnt – uns insgeheim gleichwohl leisten: daß wir nicht alles »mitgenommen haben«, von dem wir glauben, daß es uns das Leben geben könnte – oder gar müßte.

Und so drängt es uns raus: raus aus dem Alltag, dem Trott, dem Gleichschritt, raus aus der zermürbenden Geschäftigkeit. Wir möchten die Freiheit dieser freien Tage genießen.

Wir möchten vor allem die ganz banalen alltäglichen Tage einmal hinter uns lassen, von denen ein Samuel Beckett anklagend sagte, daß sie »im Auf und Nieder der Augenlider einfach dahinschwinden«. Nein, wir möchten die Rosen pflücken, solange sie blühen.

So packen wir unsere Koffer, reisen kreuz und

quer, fädeln uns ein in den nächsten Stau, scheuen keine Mühen, immer auf der Suche nach der Welt der schönen Bilder, die es ja, allen Horrormeldungen zum Trotz, immer noch irgendwo gibt.

Und gerade diese Horrormeldungen sind es, die zusätzlich wie ein Treibsatz wirken und die uns hineinkatapultieren in eine Betriebsamkeit, die – wenn wir ehrlich mit uns sind – manchmal auch schon etwas Beängstigendes an sich hat.

Das aber wäre traurig und ein hoher Preis. Denn dann würden wir, um ein Bild zu nehmen, in unserer Eile vor lauter Eiern den Osterhasen nicht mehr sehen – von all dem, was unsere Seele berührt, ganz zu schweigen.

Der Karriereknick:
Er wußte nicht,
warum er »übergangen« worden war

Mittags hatte ich ihn zuletzt gesehen, er hastete über den Korridor, als ob er sich verstecken wollte, verschwand in seinem Zimmer, ohne meinen Gruß zu erwidern, irgend etwas mußte passiert sein, und um ihn herum war eine Aura, die nur eines signalisierte: Laßt mich bitte in Ruhe!

Als ich abends an seinem Zimmer vorbeikam, brannte noch Licht – nun trat ich doch ein, »störe ich?« – er blickte auf, nein, sagte er, ich käme wie gerufen, denn er habe gerade erfahren, daß ein Kollege an ihm »vorbeigezogen« sei, hinauf auf die nächste Stufe der Hierarchie, zwar nicht in den Olymp, wo alle Macht und Herrlichkeit des Managements versammelt ist, aber doch immerhin in den Vorhof zur steilen Karriere.

Und er selbst? Er sei wieder einmal leer ausgegangen, und er könne sich das nicht erklären, wo er doch . . .

Was nun folgte, war eine Aufzählung all dessen, was er für die Firma geleistet habe. »Das hätte man doch berücksichtigen müssen.« Er konnte Daten und Taten, die er sich im Kopf längst zurechtgelegt hatte, fast tabellarisch nachbeten, als es beim Chef das entscheidende Gespräch gab – mit dem niederschmetternden Ergebnis.

Was ich dazu sagen würde, wollte er nun wissen – in mein Schweigen hinein kam seine Frage wie ein Pistolenschuß.

Sollte ich ihm sagen, was ich schon all die Jahre gedacht hatte?

Da war einmal sein Lavieren zwischen allen »Fronten«, die es in einer Firma irgendwo immer gibt, ja, geben muß, beim Streit um »die Sache«.

Hatte er nicht bei den Konferenzen zu oft seine Fahne in den Wind gehängt? Wenn er spürte, wo die stärkeren Bataillone waren, dann war er genau dort flugs zur Stelle, manchmal sogar wider seine eigene Überzeugung.

Da war zum zweiten seine Fähigkeit, wegzutauchen, wenn es schwierig wurde, um erst wieder aufzutauchen, wenn die Entscheidung längst gefallen war. Wurde er bei einer kniffeligen Frage um eine Stellungnahme gebeten, redete er gerne »mit Fontane«, das sei »ein weites Feld«.

Seine Meinungen waren so grau wie die Anzüge, die er mit Vorliebe trug.

Und nun mußte er erleben: Alle Schmiegsamkeit und Biegsamkeit hatte nicht verhindert, daß ein anderer »vorbeizog«, wie er nun voller Verachtung nochmals lautstark sagte.

Natürlich wußte er insgeheim, daß er nicht jener Typ ist, den man heute gerne als »Turbo-Manager« beschreibt, also voller sprühender Dynamik und mit allen Wassern gewaschen. Aber Erfolge »in seinem Beritt«, die hatte er doch nun wirklich vorzuweisen.

Was er aber übersehen hatte – und das sagte ich ihm nun doch –, war nur eine Kleinigkeit, aber eben doch eine sehr wichtige Kleinigkeit: daß es eben mehr auf das Agieren und Argumentieren ankommt als auf das Lavieren, bei dem er – zugegeben – eine gewisse Meisterschaft erreicht hatte.

Und daß das Bild, das man von sich selbst in sich trägt, niemals deckungsgleich ist mit dem Bild, das sich andere von einem machen.

Man kann es auch kürzer sagen: Er vergaß das eherne Gesetz, das da lautet: Wer laviert, der verliert – was immer er sonst auch tun mag.

Gegen die November-Melancholie:
»Wir werden nur einmal
in diese Welt hineingeboren«

Lieber Freund, ich mache mir Sorgen um Sie, darum schreibe ich Ihnen, obwohl wir erst gestern miteinander telefonierten. Ich will es nicht mit meinem kümmerlichen Ratschlägen bewenden lassen, die ich Ihnen etwas flapsig gab, als Sie von der Traurigkeit sprachen, die Sie beim ersten Herbstnebel in sich spürten.

Ihre Worte haben lange in mir nachgeklungen. »Der Herbst ist nicht meine Jahreszeit, am liebsten würde ich mich verkriechen wie ein Tier im Wald«, sagten Sie. Melancholie habe Sie plötzlich überfallen, »wie eine Grippe«, und Sie wüßten nicht, was Sie dagegen tun könnten.

Und dann sagten Sie noch, daß Sie ein »Sommermensch« seien, von einer unstillbaren Südsehnsucht erfüllt. »Ist es nicht trostlos, in einem Land leben zu müssen, in dem jedesmal, wenn die Sonne vom Himmel scheint, die Boulevardzeitungen sofort daraus eine Schlagzeile machen?« fragten Sie mich.

Ich gebe zu: Auch ich war erschrocken, als ich vor einigen Tagen morgens das erste flammend orangegelbe Blatt an der Windschutzscheibe meines Autos entdeckte. Es klebte wie ein Menetekel am Glas: Ich bin da, mein Freund, ich, der Herbst, der unerbittliche Vorbote des Winters, und du hast selbst schuld, wenn du den Sommer nicht genossen hast!

Nach unserem Gespräch bin ich vor die Tore der Stadt gefahren. Ich sah Vögel, die gen Süden flogen. Ich sah Schwäne, die ungerührt vom ersten Frost über das spiegelglatte Wasser dahinglitten. Ich sah an einem Steg Boote, die von Planen zugedeckt waren, als sei hier nie ein Segel gesetzt worden.

Da ist ein bißchen Melancholie schon erlaubt, mein Freund.

*

Aber dann erinnerte ich mich an die alte Erfahrung, daß man Dinge, die man nicht ändern kann, neu sehen müsse.

Und ich entdeckte beispielsweise, daß mein Weg entlang des Flusses – im Sommer kaum zu begehen, weil ständig von lärmenden Ausflüglern übervölkert! – nun von einer wahrhaft majestätischen Ruhe erfüllt war.

Und diese Ruhe, war sie gefährlich? Nein, im Gegenteil: Sie tat meiner Seele gut. Die Verwirrung des Sommers – wenn man vor lauter Sommer nicht weiß, was man zuerst machen soll! – war wie weggezaubert.

Nun will ich den November wahrlich nicht schönküssen, er ist und bleibt ein grauer Geselle. Mit Volkstrauertag und Totensonntag. Das Gefühl der Vergänglichkeit, von uns so meisterhaft verdrängt, meldet sich leise, aber unüberhörbar.

Zufällig sah ich nach unserem Telefonat im Fernse-

hen einen Film über Albert Einstein, dessen Schluß-
wort, das ich Ihnen weitergeben möchte, lautete:
»Wir Menschen werden nur einmal in diese schöne
Welt hineingeboren.«

Diese Einmaligkeit, diese nicht wiederholbare
Chance zu leben, ist mit einem Preis verbunden, den
wir allerdings zu bezahlen haben: daß wir zwar vieler-
lei auf dieser Erde verändern können, aber eben nicht
alles. Die Jahreszeiten gehören dazu: Der Mai wird
nämlich erst durch die Erfahrung des Novembers
schön.

»Ich glaubte, der Abstieg würde langsamer gehen«, sagte der 62jährige zu seiner Frau

Er wurde vor ein paar Tagen 62 – und da war auch schon Schluß. Nicht mit dem Leben, aber mit dem Teil des Lebens, den er immer für das »wahre« Leben hielt: mit seinem Beruf als Topmanager.

Irgendwann und irgendwie war es geschehen: Er paßte plötzlich nicht mehr in das Raster der Strukturen. Vielleicht hatte er auch schon Anzeichen von Schwäche gezeigt, als in einer Chefkonferenz »zur Sache« geredet wurde, er weiß es selbst nicht so genau. Die Abfindung wenigstens kam nobel wie eine Weihnachtsüberraschung, obwohl er sofort spürte: Sie war in Wahrheit doch nichts anderes als ein Danaergeschenk.

Dabei hatte er noch gar keine Zeit gefunden, über seinen unfreiwilligen Ausstieg intensiv nachzudenken, auch konnte er die »neue Positionierung seines Daseins«, wie er im besten Manager-Deutsch spöttisch sagte, sich noch nicht so recht vorstellen.

Es war etwas anderes, was ihn nachdenklich – und auch melancholisch – stimmte: eben jener 62. Geburtstag, den er vor ein paar Tagen hinter sich gebracht hatte.

Es wäre falsch zu sagen, er hätte diesen Tag »gefeiert«, denn das abrupte Ende am Schreibtisch der Macht empfand er wie eine dunkle Wolkenwand, die plötzlich an einem Sommerhimmel aufzog – was hatte er noch alles »anschieben«, koordinieren, bewirken und bewegen wollen!

Und nun war dieser Geburtstag da, und wenn es auch Blumen, Telegramme, Besuche und Telefonate in Hülle und Fülle gab, so war doch alles anders – er hatte es nur nicht sofort bemerkt.

Erst seine Frau brachte ihn darauf, als er abends von dem festlichen Empfang erzählte, als sie die Post durchsahen, die er stolz vor ihr aufblätterte. Denn plötzlich sprachen sie über jene kleinen und großen Chefs, jene Geschäftspartner und Mitarbeiter, für die er bisher so wichtig war, die sich aber nun bei seinem letzten Geburtstag in der Firma ausgeblendet hatten.

Ja, sie zählten sogar akribisch zusammen, wie viele es denn waren, die sich grußlos davongestohlen hatten, und sie kamen immerhin auf über zehn, die in früherer Zeit glücklich waren, wenn er ihnen einen Termin gab.

»Endlich begreifst du, was ich dir schon immer gepredigt habe: Die meinten immer nur deine Position«, sagte seine Frau, ihn gleichwohl tröstend.

Das war nun genau das, was er nie hatte wahrhaben wollen. Hatte er nicht immer geglaubt, in den Glückwünschen sich selbst wie in einem Spiegel zu sehen, also nicht als Chef, Boß, »Mister Wichtig«, sondern als Mensch, ganz einfach nur so?

»Ich glaubte, der Abstieg würde langsamer gehen«, sagte er nun leise zu seiner Frau.

Sie antwortete nicht, sie wollte ja gar nicht recht be-

halten, obwohl sie immer wußte, was von vielen sogenannten Freundschaften in der beruflichen Manager-
und Männerwelt zu halten ist, wenn auch gottlob
nicht von allen.

*

Aber diese Erkenntnis hat man erst, wenn die Würfel
gefallen sind. Erst dann werden die Punkte zusam-
mengezählt. Und es sind immer weniger, als man in
den glanzvollen Zeiten je für möglich gehalten hatte.

Noch ein paar Stunden bis zur Bescherung – bloß keine Angst vor den Geschenken!

Noch ein paar Stunden bis zur Bescherung. Alles Gehetztsein, alles Jagen hat nun ein Ende, die Türen der Geschäfte sind verschlossen, die letzten unverkauften Weihnachtsbäume stehen traurig am Straßenrand, fast ein Symbol für dieses Fest, bei dem es neben strahlendem Glanz auch Einsamkeit und Verlorenheit gibt.

Die Welt um uns herum ist nun ganz leise geworden. Wir suchen im Radio weihnachtliche Musik, tasten von Sender zu Sender, irgendwo muß doch wenigstens »White Christmas« kommen, wenn »Stille Nacht, Heilige Nacht« noch immer nicht zu hören ist.

Auch dort, wo sich noch öffentliches Leben abspielt, auf Flughäfen und Bahnhöfen, ist wundersame Ruhe eingekehrt, sie macht die Menschen milder, geduldiger, freundlicher – warum sind wir Christen nicht immer so christlich wie an diesen festlichen Tagen? Wir verpacken die letzten Geschenke, eine leise Angst beschleicht uns, ob sie ausreichen. Hätte man nicht doch noch die noble Uhr kaufen sollen, damit man wirklich als der große, strahlende Weihnachtsmann erscheint? Aber dann tröstet man sich, daß dies ja kein materielles Fest ist, und hat man nicht in den Zeitungen so viel von der »neuen Bescheiden-

heit« gelesen, und tut ein bißchen Askese nicht uns
allen gut?

Noch ein paar Stunden bis zur Bescherung. Ich
greife ziellos in den Bücherschrank. Goethe, Heine,
Eichendorff. Bei Hermann Hesse stoße ich auf eine
Stelle, die mich erschreckt: »Weihnachten ist ein Gift-
magazin aller bürgerlichen Sentimentalitäten und
Verlogenheiten«, lese ich da, »Anlaß wilder Orgien
für Industrie und Handel« – geschrieben 1927. Dieses
Fest hat immer schon die heftigsten Attacken aushal-
ten müssen, und es hat dennoch alle Angriffe über-
standen!

Dann blättere ich bei Cesare Pavese, dem großen
italienischen Dichter, auch dort – nur Bitteres: »So
wenig interessiert sich ein Mensch für den anderen,
daß sogar das Christentum empfiehlt, das Gute zu
tun aus Liebe zu Gott«, geschrieben 1938. Aber
stimmt denn das wirklich? Gibt es nicht immer wieder die erstaunlichsten Beispiele von tätiger Näch-
stenliebe?

Jetzt greife ich zu Theodor Storm, finde die schöne
Zeile »Es sinkt auf meine Augenlider, ein goldner
Kindertraum hernieder.« Und siehe da: Endlich bin
ich Weihnachten näher. Es gibt Dichterworte, die einen zornig stimmen können, und es gibt solche, die
sich in unsere Seele einschwingen.

Natürlich, der Kindertraum ist vorbei – nur Kinder
haben Kinderträume! –, aber die Erinnerung ist da,
unverlierbar, und strahlte der Weihnachtsstern nicht
sogar am hellsten, als es dunkel war mit Krieg, Gefan-

genschaft, Hunger, Not, Flucht? Weihnachten im Wohlstand hat es schwerer, so seltsam es klingt – wir sollten gnädig sein mit diesem Fest.

Noch ein paar Stunden bis zur Bescherung. Keine Angst vor den Geschenken! Ob die Krawatte den richtigen Farbton hat, ob der Computer, dieses komplizierte Glitzerding, je bedient werden kann, ob der Diamantring zu dem Dutzend anderer Ringe paßt – keine Angst bitte: In einer Zeit, in der so viele schon so vieles haben, kann keiner immer ins Schwarze treffen. Lassen wir also allen Zynismus fahren (»Dieser ganze verdammte Weihnachtsrummel!«), nehmen wir vielmehr die Zeichen der Zuneigung freudig entgegen, auch wenn sie oft von einer rührenden Hilflosigkeit sind. Weihnachten ist die große Chance der Liebe zu Gott – und der Liebe von Mensch zu Mensch.

»Dabeisein ist alles« – die Gier, zu sehen und gesehen zu werden

Irgend etwas kann da nicht stimmen. Da jagen sich die Bilder einer Gesellschaft, die von Party zu Party eilt, immer modisch durchgestylt, immer topfit, immer auf Achse, ihre Matadore scheinen ein Dauerabonnement auf Lebensglück zu haben.

Und dann gibt es diese erstaunlich widersprüchlichen Statements der Prominenten, mögen sie nun VIPs der ersten Stufe, mögen sie Viertel- oder Achtel-Prominente sein: »Ich liebe nur noch die Einsamkeit«, sagt der eine, »die Oberflächlichkeit der Partys gibt mir nichts«, sagt der nächste, »das habe ich aufgegeben, verschenkte Zeit«, sagt wieder einer, als ob die Welt nur noch aus lauter einsamen Wölfen bestünde.

Und dann? Was ist dann? Dann gibt es, wo immer jemand zu einer Geselligkeit ruft, ein atemraubendes Gedränge, eine Gier, zu sehen und gesehen zu werden, gotterbärmlich. Es mag ein Jubiläum, ein Geburtstag, eine Hauseinweihung oder auch nur eine Vernissage sein, bei der sowohl die Gemälde wie der hoffnungsvoll »anwesende Künstler« gnadenlos im Lärm der Bussi-Bussi-Geselligkeit zur Staffage degradiert werden.

Denn nun findet wieder das ganz große Spiel statt, das nur einen Namen hat: Dabeisein! Und damit sind wir in das Zentrum des Phänomens vorgedrungen. »Dabeisein ist alles – ohne dabeizusein ist alles nichts«, lautet das oberste Gesetz. So einsamkeitssüchtig können viele der Reichen und Schönen gar nicht sein, daß sie nicht nervös die Post nach Einladungen durchblättern.

*

Und schon erkennen wir: Man muß zuvor auf einer Liste stehen! Ein Platz auf der Gästeliste ist der Schlüssel, mit dem allein die Tür zum kommunikativen Leben aufgestoßen werden kann. Weshalb Leute, die plötzlich aus einer solchen Liste rausfallen, dies fast als ein gesellschaftliches Todesurteil empfinden.

Aus diesem Grund sagen die Partyprofis in jedem Fall erst einmal grundsätzlich zu, sobald die begehrte Einladung ins Haus flattert. Damit sie bloß auf der Liste »draufbleiben«.

Naht der Termin, kann man ja immer noch kurzfristig absagen. Bei einer Stehparty nicht weiter schlimm. Nur bei einem gesetzten Essen wird die Sache problematisch – für den Gastgeber! Denn dann gerät die psychologisch raffiniert ausgearbeitete Sitzordnung ins Wanken, wenn es plötzlich am Tisch leere Stühle gibt, Zahnlücken vergleichbar. Kenner der Szene verraten, daß die Unsitte »Zusagen – aber nicht erscheinen« immer mehr um sich greift.

Und da bekanntlich kein Übel alleine kommt, gibt

es neben dem Ausbleiben der geladenen Gäste auch das Auftauchen derjenigen, die niemand gebeten hat – und die plötzlich doch ganz dreist in die Schlacht am Büfett eingreifen. – Wer aber will dann noch Spielverderber sein?

Wir erkennen also: Bei den Partys, die ein Stück unseres Lebens sind, geht es genauso zu wie im normalen Leben. Ein bißchen frech, ein bißchen rücksichtslos und mit sehr viel Chuzpe. Weil das so ist, dreht sich das Karussell immer schneller. Und all die Sprüche mit dem Tenor: »Da gehe ich nicht mehr hin!« können Sie glatt vergessen.

Eine Operation am offenen Herzen –
und ich konnte nicht wegschauen

Bisher habe ich es noch immer verstanden, mit Blitz-
geschwindigkeit wegzuschauen, wenn in einem Film
gezeigt wurde, wie Ärzte an einem offenen Herzen
operieren.

Sobald ein Regisseur dieses ebenso beliebte wie
letzte Mittel einsetzte, um die Spannung ins Uner-
trägliche zu steigern, gab es für mich im dunklen Ki-
noraum nur eines: Augen zu!

Ich konnte den Anblick des schlagenden Herzens
nicht ertragen, wartete vielmehr, bis ich am Verlauf
der Handlung merkte, daß die Operationsszene vorbei ist.

Zwar sagte ich mir hin und wieder, daß ich mich eigentlich nicht so anstellen dürfe, aber vergebens: Die
innere Abwehr gegenüber solchen Bildern war stärker, »so etwas« kann man sich doch nicht anschauen,
dachte ich bei mir.

Aber das Leben, das mit der Kinowelt nichts zu tun
hat, hält bekanntlich seine Überraschungen bereit,
die wiederum stärker sind als alles, was wir so im Film
erleben.

Und so kam es, daß ein befreundeter Arzt mich
kürzlich zu einem Vortrag über Herzchirurgie einlud,
bei dem überraschend am Schluß – in einer direkten
Live-Übertragung aus einem benachbarten Kranken-

haus – den anwesenden Ärzten eine Herzklappen-
operation gezeigt wurde – auf einer großen Leinwand.

Nun hätte ich zwar noch weglaufen können, aber
das wiederum erschien mir plötzlich als Feigheit, zumal mich mein Freund mit dem Satz überredete, ich
könne ja immer noch gehen, wenn es »zuviel Blut« geben würde.

Und so starrte ich auf die Leinwand, sah, wie der
Patient an die Herz-Lungen-Maschine angeschlossen
wurde, die den Kreislauf des Patienten übernahm –
dann sah ich erstmals ein Herz, der Muskel zuckte
kaum noch, höchstens ein paar Reflexe, mehr nicht.

Und dann kam der Griff des Chirurgen – in Groß-
aufnahme – nach der kranken Herzklappe ins Bild.
Mit Hilfe eines Instrumentes, das wie ein kleiner Kran
aussah, wurde das verkalkte Stück herausgeholt.

»Manchmal müssen wir es richtig herausbrechen,
dann fällt uns der Kalk wie Mörtel krümelweise entgegen« – der Operateur sagte es, als ob es sich um die
selbstverständlichste Sache der Welt handelte.

Nach etwa dreißig Minuten – nach der Implanta-
tion einer künstlichen Herzklappe – kam dann jener
alles entscheidende Augenblick, als die Herz-Lungen-
Maschine die Funktion des Kreislaufs an das operier-
te Herz zurückgab – mit Erfolg.

Es gab nur ein paar arhythmische Zuckungen,
dann aber pumpte der Muskel weiter, unermüdlich
Schlag für Schlag, so, als sei eigentlich nichts geschehen. Und ich? Ich starrte staunend auf das Herz,

mit dem sich alles verbindet, was wir Leben nennen.

»Nun, haben Sie es bereut, zugeschaut zu haben?«
fragte mich mein Nachbar.

»Nein, überhaupt nicht«, antwortete ich spontan,
ohne überhaupt nachzudenken.

*

Erst auf dem Heimweg wußte ich: Ich hatte live gesehen, was ich im Film nie sehen wollte – und es war
zum Niederknien großartig. Der Blick in die Wunder-
welt der Medizin erzeugte bei mir Bewunderung für
all das, was Ärzte – die oft so gescholtenen Ärzte! –
heute leisten können und leisten. Der Patient lebt –
und ich hatte endgültig ein Vorurteil zu Grabe getra-
gen.

Der Hotelportier lächelte wie immer – und doch war alles anders

Moment, was war jetzt anders? Er stand doch da wie immer an seinem Desk in meinem Lieblingshotel, in der schwarzen Uniform des Chefportiers. Er strahlte wie immer, als er mich sah, er wollte wie immer zum Zimmerschlüssel greifen, er lächelte auch wie immer – und doch: Irgend etwas war trotzdem anders als bei meinem letzten Besuch.

»Wie geht's?« fragte ich nun, aber meine Frage muß ebenfalls anders als sonst geklungen haben. Sie war nicht von jener oberflächlichen Flüchtigkeit, mit der wir uns sonst nach dem Schicksal eines Menschen erkundigen, mit dem uns eigentlich nicht mehr verbindet als der Austausch von Meinungen über Politik, Wetter, Flugverspätungen, Alltagsdinge also. Und eigentlich wollte ich ja auch nur meinen Schlüssel.

Aber geheimnisvollerweise muß in Sekundenschnelle eine Gedankenbrücke entstanden sein zwischen dem immer fröhlichen Portier und mir: »Wenn Sie mich so fragen, muß ich Ihnen sagen, es geht mir schlecht.«

Da war sie wieder, diese Erfahrung, daß Menschen sehr wohl etwas von ihrem Leid ausstrahlen, das sie tief in sich tragen, auch wenn sie es um keinen Preis zeigen wollen.

Nun erzählte er mir, daß bei seinem 16jährigen

Sohn der Tumor wiedergekommen sei, von dem die Ärzte glaubten, ihn endgültig besiegt zu haben. Und dann brach es aus ihm heraus: »Inoperabel. Wir waren inzwischen in einer Klinik in Amerika. Ob die besten Spezialisten helfen können, weiß nur noch der liebe Gott. In einem Monat muß ich wieder mit ihm rüber, wenn die Chemotherapie hier nicht greift.« Seine Sätze kamen wie Hammerschläge.

Und dann, als die erste Welle des Schmerzes verebbt war, als er spürte, wie sehr mich die Nachricht erschütterte, da ich doch glaubte, sein Junge sei seit Jahren über den Berg, erzählte er mir, daß er bei aller Traurigkeit doch eine tröstliche Erfahrung gemacht habe:

»Ich wußte gar nicht, wie viele Freunde ich habe, auch unter den Hotelgästen. Sie haben mir die Adressen in Amerika verschafft. Sie haben geschrieben, angerufen, meiner Frau Blumen geschickt. Es war für mich wie ein Wunder, eine wundervolle Erfahrung.«

Nun leuchteten seine Augen wieder, wie ich es von ihm gewohnt war, diesem Mann, der für andere immer das Unmögliche möglich machte: Die Eintrittskarte für die seit Wochen ausverkaufte Oper, die Umbuchung in eine längst ausgebuchte Maschine, all diese kleinen Hilfen, die doch wie Zauberei wirkten.

Inzwischen hatte sich eine Menschentraube am Desk gebildet, eine leichte Unruhe bei den Wartenden kam auf, aber auch hier geschah Wundersames: Die Gäste mußten gespürt haben, daß nicht ein Portier pflichtvergessen einen Small talk abhielt, sondern daß hier ein Mensch sein Herz ausschüttete. Und so warteten sie geduldig, bis er sich ihnen zuwandte: »Ihren Schlüssel, bitte.«

Die ganze Szene in der Hotelhalle dauerte nur zwei, drei Minuten. Und als er mir nachrief, »Danke, daß Sie mir zugehört haben, es tat einfach gut«, da dachte ich noch kurz darüber nach, wie hilflos man angesichts einer solchen Familientragödie ist – und wie man doch helfen kann, wenn man es mit der Standardfrage »Wie geht's?« wirklich ernst meint. Und dann kam auch schon das Taxi, das er für mich gerufen hatte.

An der Schwelle eines neuen Jahres: Es gibt keine Experten, die die Zukunft kennen

Nun also wieder: die ersten Schritte. Diese ersten tastenden Schritte hinein in ein neues Jahr. Diese völlige Ungewißheit, was es für uns bereithält. Diese trostlose Ungewißheit, die gleichwohl tröstlich ist, weil sie nicht nur das Gute, sondern auch das Schlechte, das Böse, das Gefährliche noch im Verborgenen hält.

An der Schwelle stehen sie jetzt alle Spalier, an der Schwelle zu einem neuen Jahrzehnt allemal: die »Zukunftsforscher«, Hellseher, Bücherschreiber, die Talkmaster, Astrologen, Philosophen, und – nicht zu übersehen – in großen Scharen die Politiker. Sie winken, rufen uns ihre Parolen zu. Girlanden von Versprechungen. Wir ducken uns leicht – und schreiten hindurch.

Denn wir wissen, daß es für uns in Wahrheit nur einen Kompaß gibt: unser eigenes Gefühl und unser Gewissen. Weil wir zu oft erlebt haben, daß all jene, die angeblich mehr wissen als wir selbst, auch nichts wissen. Daß sie sich irren können – und dürfen. Daß sie uns auch täuschen, weil sie sich selber zu oft getäuscht haben.

Wohin wir auch schauen: Wurden die meisten Voraussagen nicht schneller zu Makulatur, als wir es uns je vorstellen konnten? Eben wird uns noch ein Medikament als sicheres Heilmittel offeriert, da wird es schon wieder aus dem Verkehr gezogen: gestern gesund – morgen tödlich. Der Zeitgeist, an den man sich hoffnungsvoll klammert, zerbirst immer schneller in den Stromschnellen einer sich überschlagenden Zeit.

Erstaunlich gar das Szenario, das uns die Politiker pausenlos vor Augen führen. Keiner – nicht einer! –, der die Freiheitsbewegungen im Osten so vorausgeahnt hat, der auch nur das Tempo der Veränderung richtig einschätzen konnte. Selbst Meinungsforscher vermögen kaum noch eine Momentaufnahme des öffentlichen Bewußtseins festzuhalten: Die angeblichen Spiegelbilder der Wirklichkeit sind bereits Zerrbilder, wenn wir sie erblicken.

Also ein Gefühl der Ohnmacht? Wir horchen zwar noch hin, wenn jemand aufsteht und sagt, was Sache ist – aber dann beschleicht uns doch dieses unheimliche Gefühl: Es kann alles ja auch ganz anders kommen! Haben wir das nicht gerade wieder erlebt?!

Mehr denn je spüren wir, daß auf der Bühne des Lebens ein dramatisches Stück abläuft, dessen Titel wir nicht kennen, dessen Ausgang wir nicht einmal erahnen, aber dabei läßt uns eine Frage nicht los: Sind wir eigentlich noch im Zuschauerraum – oder hat uns das deutsche Schicksal nicht schon längst auf die Bühne geholt?

Nein, es gibt keine gültigen Gebrauchsanweisungen mehr, höchstens Hilfen von Fall zu Fall. Bei der Umwertung aller Werte gerät auch Gutes, Altes, Bewährtes ins Wanken. Ist die Treue von gestern beispielsweise noch die Treue von morgen? Was ist mit Fleiß? Was mit Hilfsbereitschaft?

Ein schmerzerfülltes Jahrtausend wird sich demnach furios verabschieden. Wir sind dabei. Und wir sind dabei ganz auf uns zurückgeworfen. Wenn wir das einzige, was wir wirklich besitzen, nämlich unser eigenes Lebensgefühl und Gewissen, irgend jemandem opfern sollen, der uns sagen will, wo es langgeht, dann: Vorsicht! Keiner ist Experte für die Zukunft, da es doch schon so schwer ist, diese aufregende Gegenwart in den Griff zu bekommen. Schalten wir aber lieber das kleine Radargerät an, das jeder irgendwie in sich trägt – und vertrauen wir uns ihm an, damit es uns warnt und lenkt.

Rosen zum Muttertag –
einmal habe ich sie vergessen

Wenn ich an die vergangenen Jahre zurückdenke, ist es sehr oft meine Frau gewesen, die mich an den Muttertag erinnerte. Ich selbst hielt nicht viel von diesem Tag, ich bezeichnete ihn einmal sogar etwas zynisch als eine Erfindung der Blumenindustrie.

Vor allem konnte ich mich nur schwer damit abfinden, daß man sozusagen auf Kommando, nur weil es ein Datum so will, die Liebe zeigen soll. Nein, dieser Tag stand wirklich nicht an vorderer Stelle in meinem Kalender.

Aber meine Frau wußte mit jener Empfindsamkeit, zu der nur Frauen fähig sind, daß meine Mutter diesen Tag schön fand, ja, daß er ihr irgendwie sogar wichtig war: Sie wollte, eingebunden in die Tradition ihres Elternhauses, die Beweise der Liebe ihrer Kinder gerade auch an diesem Tag sehen, der seit über achtzig Jahren den Müttern in aller Welt gehört.

»Denk an die Blumen«, sagte meine Frau immer wieder – und ich bin ihr dankbar, daß sie mich daran erinnerte, in all den Jahren.

»Es war ein wunderbarer Rosenstrauß, der eben kam, ich freue mich, daß du mich nicht vergessen hast« – ich höre die Stimme meiner Mutter noch wie heute am Telefon. Dabei ist seither ein ganzes Jahr vergangen.

Irgendwann, vor langer Zeit, gab es einmal eine Diskussion zwischen uns, weil der Tag lieblos an ihr vorbeigezogen war, weil ich ihn trotz meiner Frau total vergessen hatte. »Ist es denn so wichtig für dich?« hatte ich sie damals gefragt, »spürst du nicht, daß ich auch so sehr oft an dich denke?«

Aber was ich, inmitten aller Geschäftigkeit, gefesselt von Terminen, nicht bedacht hatte, war die trostlose Tatsache, daß das Leben – vor allem im hohen Alter – ihr sehr viel Zeit ließ, auf die Zeichen meiner Zuneigung zu warten: ein unangemeldeter Besuch, eine Postkarte von meinen vielen Reisen, ein überraschender Anruf aus der Fremde, ein Mitbringsel aus dem Urlaub – und eben der Strauß dunkelroter Rosen, die sie mehr erfreuten als jede andere Blume.

Als ich ihr einmal entschuldigend sagte, ich hätte doch »erst kürzlich« angerufen, antwortete sie nur mit leiser Stimme: »Das war vor zwei Wochen, vor zwei langen Wochen.«

Ich fühlte mich beschämt. Mir fiel auch keine Entschuldigung ein. Daß der Alltag mich auffrißt, wie sollte sie das in der ruhigen Einsamkeit des Alters nachvollziehen können. Ja, Kinder, die »mitten im Leben« stehen, können sehr gedankenlos sein, wenn es nicht um ihr eigenes Leben geht!

Mich bedrückt der Gedanke, daß ich die Gnade des Verzeihens viel zu oft in Anspruch genommen habe. Daß ich nur Rosen schickte, sie aber viel zu selten besuchte. Mutter wird schon wissen, wie ich zu ihr stehe, da braucht es doch keine »Beweise«, dachte ich. Und gibt es nicht das ebenso schöne wie wahre Wort von Pestalozzi, wonach nur das Auge einer Mutter fähig ist, das Kind bis in die Tiefen des Herzens zu ergründen?

Ich kann nur hoffen, daß sie meine Liebe immer spürte – unabhängig vom Kalender, von jedem Anlaß.

Aber wenn es einen solchen Anlaß gibt, dann sollte man ihn ergreifen. Dann sollten rote Rosen ein sichtbares Zeichen setzen, selbst dann, wenn sie bescheiden sagt, »das war doch wirklich nicht nötig«. Die Mutter ist der einzige Mensch auf der Welt, der dich schon liebt, bevor er dich kennt, sie hat es mehr als verdient.

Reisen heute – die Haut wird braun, aber die Seele bleibt blaß

Irgendwo im Bücherschrank, weit hinten, entdeckte ich eine kleine Kiste, vollgepackt mit Schmalfilmen, gedreht vor vielen, vielen Jahren, längst vergessen – aber nun spannte ich die Filme in den altmodischen Vorführrapparat, der seit Ewigkeiten nicht benutzt worden ist, und meine Frau und ich konnten eintauchen in die Bilderflut der Erinnerung.

Und schon nach wenigen Minuten fragten wir uns: Die Kinder da am Strand – waren es wirklich die eigenen Kinder? So sehr hatten sie sich verändert. Wie unwirklich weit liegt alles zurück!

Meine Frau rechnete blitzschnell aus: »Das muß Ende der sechziger Jahre gewesen sein«, denn unsere Tochter trug ein schwarzweißes Courrèges-Kleid – damals die große Mode.

Ja, es sind diese Details, die die Assoziationen wekken – und die Vergangenheit herbeizaubern.

Dann fragte meine Frau plötzlich: »Fällt dir an diesen Filmen irgend etwas auf?« – Und während ich noch darüber nachdachte, gab sie selbst die Antwort: »Wie leer war es damals – auf den Straßen, an den Stränden, an den Ufern der Seen.«

Richtig! Ich mußte die Kinder nicht mit Zoom heranholen, um sie alleine im Bild zu haben. Damals gab es nicht, was es jetzt nur noch gibt: Gedränge dicht bei dicht, Fülle allerwege und die Abwesenheit jeder Einsamkeit. Denn wohin du heute auch kommst, immer ist schon einer da. Und mit Sicherheit kannst du darauf wetten, daß immer Deutsche darunter sind, die größten Urlaubskünstler auf diesem Globus.

Während eine lange Sequenz vom Lido in Venedig auf der Leinwand flimmerte – übrigens ein für meine damaligen Amateurkünste sehr gelungener Kameraschwenk, der mich auch heute noch begeistert –, sagte meine Frau nur lapidar: »Solch eine schöne Szene könntest du heute höchstens noch morgens um sieben drehen, danach ist doch alles rappelvoll.«

Ich dachte sofort an jene Meldung, wonach man die Lagunenstadt einfach »zusperren« will, sobald Überfüllung droht. Und daß meine Kinder die Welt nie mehr so schauen können, wie wir Älteren es erleben durften – von den Enkeln gar nicht zu reden.

Vielleicht ist dies ein Trost für die »Gnade der frühen Geburt«: daß uns die touristischen Juwelen noch unverbraucht, unverbaut, unbenützt und unbeschädigt geschenkt wurden.

Denn schon haben sich in die Ferien militärische Begriffe eingeschlichen, gibt es an der Urlaubs-»Front« die ersten Scharmützel, spricht man verächtlich von Urlauber-»Invasion«, liest man von massiven »Protesten« einheimischer Bürger gegen Massentourismus, von neuen Gebühren: zur Kurtaxe demnächst auch die Naturtaxe.

Und wieder einmal zeigt sich, daß Wohlstand eben nicht umsonst zu haben ist.

In dieser neuen wundersamen, herrlichen strapa-ziösen Welt des Unterwegsseins verdeckt die Sonnen-bräune aber nur die blasse Seele, die danach dürstet, beispielsweise einmal eine Minute allein ungestört im Pariser Louvre vor dem Bild der Mona Lisa zu stehen. Die Realität aber ist anders: Wir werden von fremden Menschen weitergeschubst, obwohl sie doch auch nichts anderes wollen als wir selbst. Ja, wer weiß da schon, wohin die Reise mit der Reiserei noch gehen wird?

Wann stand ich zuletzt
am Grab meiner Mutter?
Vor Wochen, vor Monaten?

Was denke ich in diesem Augenblick, da ich an das Grab meiner Mutter trete, ein kleiner Friedhof, nur wenige Kreuze, wahrlich ein Gottesacker, selten geworden in unserer Zeit der Friedhofsgigantomanie – ja, was denke ich in diesem Augenblick?

Es sind so banale Gedanken, daß ich mich für mich selbst schäme. Ich denke: ob der Gärtner die Rosen und Chrysanthemen gepflanzt haben wird, wie ich es mit Dauerauftrag erbeten habe?

Ich denke dann: Wann warst du eigentlich zuletzt hier? Vor sechs Wochen, vor drei Monaten, ich weiß es nicht, ich grüble nach, eigentlich ist es ja auch gleichgültig – oder etwa doch nicht? Gibt es so etwas wie ein Trauerprotokoll?

Meine Mutter ging in den letzten Lebensjahren zunehmend häufiger auf Friedhöfe. Auch auf diesen. Ich habe das damals kaum nachvollziehen können.

Sie stand dann vor dem Platz, den sie sich zur letzten Ruhe selbst ausgesucht hatte. Was mag sich in ihren Gedanken abgespielt haben, als sie da stand, so wie ich nun hier stehe?

Wir haben darüber nie gesprochen. Sie nicht. Ich nicht. Mutter hatte damals schon Schmerzen. Ich weiß nur, daß die Krankheit, die sie bekämpfte, ohne sie besiegen zu können, schon in ihr steckte.

»Reden wir von etwas anderem«, sagte sie, als ich
doch einmal behutsam versuchte, darüber mit ihr zu
reden. Sie aber wollte mich schonen.

Ich ahnte, daß sie sich längst mit dem Sterben be-
schäftigte, sie las zu oft Bücher voller Schwermut, ich
entdeckte es, als ich sie einmal überraschend besuchte, da lagen sie, aufgeschlagen auf ihrem kleinen Ma-
hagonitisch. Während ich den Mantel auszog, klapp-
te sie die Buchdeckel schnell zu, sie wollte nicht ertappt werden.

Und dann redeten wir über so alltägliche Dinge,
daß mich – in der Rückschau – die glatte, spiegelnde
Oberfläche unseres Gedankenaustausches noch heute blendet und traurig stimmt.

*

»Schön, daß Sie mal wieder da sind«, sagt plötzlich
der Friedhofsgärtner, der wie aus dem Boden gewach-
sen neben mir steht, unüberhörbar der Unterton eines leisen Vorwurfs.

Also sind doch schon wieder Monate vergangen!
Im Tode wie im Leben: Immer kam Mutter zu kurz.

Immer schob sich »Wichtigeres« – Wichtigeres? –
dazwischen. Und immer tröstete ich mich mit dem
Gefühl, daß sie schon Verständnis haben würde. Aber
vielleicht stimmt das gar nicht? Denn jetzt überfiel
mich die Erkenntnis, zu wenig für sie getan zu haben,
zu selten für sie dagewesen zu sein, wie ein jäher
Schmerz.

Seltsam, wie das Gehirn – nicht das Herz – dich dann zu retten versucht: Ich fange auf einmal – beim Blick auf ihr Geburts- und Sterbedatum – an zu rechnen, wie lange sie genau gelebt hat, wie viele Jahre, Monate, ja Tage, als ob das irgendwie noch von Belang sein könnte.

*

Da war sie wieder, diese Flucht in die Ablenkung, diesmal in der Form eines Zahlenspiels.

Dabei war ich doch gekommen, um an sie zu denken, ihr zu danken. Ganz einfach so. Nun hoffe ich, Mutter wird mir verzeihen. Man sagt ja, daß Mütter ihren Söhnen gerne verzeihen.

III.
»MAN SIEHT NUR MIT DEM HERZEN GUT«

»Gott ist genau da, wo er dich gerade hingestellt hat«

St. Michaeliskirche in Hamburg, im Weihnachtsglanz erstrahlt – mit einem Lichterbaum, der in den Himmel ragen würde, gäbe es nicht die begrenzende Kuppel des Kirchenschiffs, mit einer Krippe, mit einem Chor, mit einem Pult, denn die Kanzel bleibt leer.

Dann löst sich aus dem Hintergrund ein Mann, er verhält kurz im Gebet, er nimmt Platz – und beginnt Texte zu verlesen.

Und über zweitausend Menschen halten den Atem an, Junge und Alte, die Mühsamen und Beladenen, die Glücklichen mit Familie, die Einsamen – sie sind alle da, kein Platz ist frei.

Inmitten der Vorweihnachtszeit, die so oft zu einem Festtagsrummel verkommt, ist hier eine Insel der Stille, der Suche nach dem, wonach unsere Seele dürstet.

Es ist kein Prediger, der da spricht, kein Pastor, der das Wunder vollbringt, daß eine riesige Kirche »ausverkauft« ist – es ist ein Schauspieler! Sein Name auf den Plakaten genügte aber, daß sie alle zu ihm kamen, auch wenn sie wissen, daß sie ihn nicht als Schauspieler erleben werden.

Heinz Rühmann spricht weihnachtliche Texte. Manche Sätze brennen sich ins Gedächtnis ein. So das Wort von Manfred Hausmann: »Ob Glück oder Unglück, beides trägt sich schwer.«

Da ist der Mensch in seinem Kern getroffen, weil er längst erfahren hat, daß selbst in den glücklichen Augenblicken des Lebens, wenn man den Himmel frei und offen wähnt, doch immer wieder plötzlich eine Wolke vorüberzieht – nichts ist vollkommen.

Und dann erzählt Heinz Rühmann die alte Legende von den zwei Mönchen, die um die ganze Welt wandern, die Entbehrungen und Schmerzen erdulden, weil es irgendwo ein Haus geben soll, »in dem sich Himmel und Erde berühren«.

Dann stehen die Mönche endlich erschöpft vor der Tür, sie drücken die Klinke, gleich werden sie dort sein, wo Gott wohnt, wo sich Himmel und Erde berühren, und dann erschrecken sie: Sie finden sich in der Zelle des Klosters wieder, genau an der Stelle, von wo aus sie aufgebrochen sind. »Denn Gott ist immer genau da, wo er dich gerade hingestellt hat.« Was für eine schöne Botschaft!

Nach dem letzten Chor-Lied verlassen Tausende schweigend die Kirche. Sie fühlen sich verwandelt, und das alles hat nicht der Mann aus der legendären *Feuerzangenbowle* bewirkt, sondern ein selbst verwandelter Heinz Rühmann.

Denn nur wer wie er Höhen und Tiefen des Lebens durchmessen hat, wer über unser irdisches Dasein lange nachgedacht hat, wer die Juwelen in der Literatur aufzuspüren vermag, wer aus der Stille seiner Heimat in die hektische Großstadt kommt, vermag solche Wirkungen zu erzielen.

Und welch ein Trost, daß dies alles nichts zu tun hat mit dem Älterwerden. Im Gegenteil! Kein Jüngerer könnte Heinz Rühmann den Platz streitig machen, obwohl er schon neunzig Jahre alt ist. Welch eine Gnade für diesen großen alten Mann – und welch ein Trost für uns, die wir immer noch suchen nach dem Geheimnis des Lebens.

Wie lange stand ihr Auto
schon unter der Laterne?

Seltsam, das Auto war mir gar nicht aufgefallen, das dort unter der Laterne stand, in der Straße, in der ich wohne, die ich täglich mehrmals auf- und abgehe, denn die Kulisse der parkenden Wagen ist sich irgendwie immer ähnlich – bis ich vor ein paar Tagen schließlich doch nachdenklich wurde.

Wie lange parkt der Wagen nun schon dort an derselben Stelle, etwas zu schräg zur Straße hin, als sei er in Eile abgestellt worden? Vier Tage oder fünf oder gar sechs? Ich wußte es nicht.

Aber mein Unterbewußtsein meldete sich. Ich schaute in den Fond des Wagens, dort lag ein Strohhut, das war doch ihr Talisman, eine Packung Zigaretten, war das nicht ihre Marke?

Am nächsten Tag: derselbe Anblick. Am übernächsten Tag wieder. Etwas mußte meine Nachbarin ans Haus fesseln, und ich beschloß, sie anzurufen.

Aber als ich abends den Fernseher einschaltete, kamen die Horrormeldungen, und so vergaß ich das Telefonat.

*

Es ist immer wieder verblüffend, wie Ereignisse, die in der fernsten Ferne spielen und uns nur über den Bild-

schirm erreichen, die naheliegenden Dinge verdrängen können. Und es war naheliegend, sie anzurufen
und Hilfe anzubieten! Denn längst hatte unsere jahr-
zehntelange Straßenbekanntschaft den Charakter einer wechselseitigen freundschaftlichen Zuneigung
angenommen.

»Wenn ich etwas für Sie tun kann, melden Sie sich
doch bitte« –, das waren ihre Worte gewesen, als wir
zuletzt vor ein paar Wochen über eine geschäftliche
Angelegenheit redeten.

✻

Am nächsten Morgen stand das Auto noch immer
auf derselben Stelle, und mich überfiel das Gefühl eines unentschuldbaren Versäumnisses.

Im Büro angekommen, rief ich sie sofort an. »Ihr
Wagen ist seit Tagen unbenutzt«, sagte ich, ob es dafür
einen »schlimmen Grund« geben würde, ob sie ihn
mir nennen wolle, ich möchte natürlich nicht in ihr
Privatleben eindringen.

Es sei nett, daß ich mich gemeldet hätte, erwiderte
sie, »nein, keine Panik bitte!« Sie sei nur krank, »aber
es geht schon langsam wieder aufwärts«.

Ob ich ihr irgend etwas besorgen dürfte, ob sie
sonst Hilfe brauche –, aber ehe ich mein Angebot
richtig formulieren konnte, winkte sie schon ab.

»Kein Problem, vielen Dank, der Herr von nebenan hat sich rührend um mich gekümmert.«

Das war ein Satz wie ein Geschoß! Denn jetzt erfuhr ich, daß der Herr von nebenan genau jener war, den ich für einen Taugenichts hielt, der sich in der »sozialen Hängematte« wiegt, ohne »geregelte Arbeit« und alle anderen Ingredienzien bürgerlichen Lebens.

Und als sie mir dann noch sagte, daß das schon seit drei Wochen so ging – »solange habe ich das Steuer nicht mehr angefaßt« –, da schämte ich mich vollends.

Ich mußte plötzlich an das Wort von Saint-Exupéry denken, wonach man nur mit dem Herzen gut sieht. Und ich fragte mich: Wie konnte ich nur eine so erschreckend lange Zeit ein parkendes Auto übersehen, das direkt vor der Haustür steht, überdies vom matten Licht einer Straßenlaterne beschienen?

»Hallo, wie geht's?« –
Aber wollen wir es wirklich so genau wissen?

Es war eine jener eher flüchtigen Begegnungen, die unser Leben ausmachen – neben den wichtigen, bedeutenden Begegnungen, bei denen wir natürlich hellwach sind. Aber diesmal stand ich, gedankenverloren, plötzlich vor einem alten Bekannten, den ich seit vielen Jahren aus den Augen verloren hatte und den ich daher mit der Allerweltsfloskel »Hallo, wie geht's?« begrüßte.

Dies war, wie ich zugebe, das kleinste Wechselgeld, das man hinschenken kann, und ich erwartete, daß er mir sofort mit gleicher Münze heimzahlen würde: »Es geht, man soll nicht klagen.« – So oder so ähnlich ziehen wir uns, die Jagenden und Gejagten, ja gerne schnell aus der Affäre.

Aber diesmal war es anders. Der Mann blieb stehen, schaute mich, länger als üblich, unverwandt an, um dann seinen Schuß loszulassen, der mich sofort traf: »Wollen Sie das wirklich wissen?«

Nun zögerte ich, fühlte mich plötzlich hilflos, gab mir dann aber einen Ruck – und doch wußte ich in derselben Sekunde, daß ich nur der Höflichkeit, gleichsam in der zweiten Stufe des Interesses, folgte, als ich ihm antwortete: »Aber natürlich, wir haben uns ja lange nicht gesehen – was machen Frau und Kinder?«

Er hatte längst gespürt, daß mein Interesse an seinem Schicksal weit geringer war, als meine zweite Frage es vortäuschte. Darum berichtete er mir auch nur Oberflächliches, Alltägliches, Unverbindliches – dann gaben wir uns die Hand, aus, vorbei. Wir hatten wirklich nur Kleingeld gewechselt.

＊

Die Flüchtigkeit dieser zufälligen Begegnung, sie ging mir noch lange nach. Ich tröstete mich damit, daß wir nicht die Kraft und schon gar nicht die Zeit haben, immer die Fassade zu durchstoßen, an den Freuden, vor allem aber den Sorgen anderer Menschen teilzunehmen, daß es im Leben abgeschlossene Kapitel geben muß. Und doch war ich traurig über meine Unfähigkeit: Denn in dem Gesicht des Mannes glaubte ich für den Bruchteil einer Sekunde zu erkennen, daß er gerne länger mit mir gesprochen hätte, daß ihn etwas bedrückte, daß er aber sehr wohl bemerkte, wie ich mich ihm innerlich verweigert hatte.

Man muß gar nicht zu jener Gesellschaft gehören, die heute gerne als »Bussi-Bussi-Gesellschaft« apostrophiert wird, um zu erkennen, daß etwas Wesentliches in unserem eiligen Leben immer schneller zu verschwinden droht: die aufrichtig empfundene Anteilnahme am Schicksal anderer.

Wir lieben es glatt. Wir möchten alles möglichst problemlos. Keine langen Geschichten bitte, die unseren Seelenfrieden stören könnten. Vergangen ist vorbei. Das schnelle Begrüßungsritual ist nur ein Ritual. Wer es durchbricht, wer sich gar mutig öffnet, wer nachfragt, der läuft Gefahr, in das Schicksal anderer Leute verstrickt zu werden, sich gar darin zu verheddern. Wer aber will das schon?

Und so zahlen wir mit kleiner Münze – und die ist oft auch noch Falschgeld: Denn wir wollen gar nicht so genau wissen, wie es jemandem geht, wenn wir ihm, mit den Gedanken schon ganz woanders, die Floskel »Wie geht's denn?« hinknallen.

*

Der Mann übrigens, von dem ich hier berichtet habe, hatte – wie ich später erfuhr – gerade seine Stellung verloren – ein Buchhalter, der nicht mehr gebraucht wurde, so um die fünfundfünfzig, und dem es nach seinen Worten »bestens« ging – was man halt so sagt, wenn man nichts sagen will oder kann oder darf.

Nach einem Trauerfall:
die Angst vor der Armseligkeit der Worte

Was hatte ich zu ihr gesagt, als alles vorüber war – die Trauerfeier in der Kirche, die Beerdigung ihres Mannes, das Zusammensein mit Freunden –, als der längste Tag ihres Lebens zu Ende ging, als die Gäste sich still verabschiedeten, und als auch ich mich schließlich an das Steuer meines Wagens setzte?

»Ich werde mich in Kürze bestimmt mal melden« – das hatte ich ihr noch zugerufen, der Motor war schon angelassen, als ob ich nun nicht schnell genug dem Trauerhaus entfliehen könnte. – Weiß Gott, mir fiel wirklich nichts anderes ein, nur diese Alltagsfloskel, demnächst bestimmt anzurufen.

Warum sagt man in solchen Augenblicken so banale Dinge? Wenn sich die Fragilität des Lebens in so bedrückender Weise zeigt wie am Tag des endgültigen Abschieds von einem Freund, dann müßten doch ganz andere Worte kommen!

*

In den folgenden Tagen habe ich mich oft an mein Versprechen erinnert, aber dann schob ich den Anruf doch vor mir her, wie einen Felsbrocken, der sich nicht wegrollen ließ – was konnte ich ihr schließlich noch sagen?

Daß es keinen »irdischen Trost« geben würde, das hatte ich ihr ja schon geschrieben, auch, daß alleine die Zeit die Wunden heilen könne.

Und daß man in so hohem Alter nicht mehr vom Leben erwarten dürfe, das hatte sie ja selbst gesagt, schließlich sei ihr Mann ja weit über fünfundsiebzig geworden, nach zwei überstandenen Weltkriegen ein Wunder in sich.

Wann immer ich an sie dachte, war ein Gefühl der Verlorenheit da, ja sogar der Angst, wieder nur Belangloses sagen zu können, diese Armseligkeit der Worte angesichts von Schmerz und Trauer.

Aber dann griff ich schließlich doch zum Hörer, die alte Dame war auch sofort am Apparat, sie war seit dem Tag der Beerdigung kaum aus dem Haus gegangen.

»Wie schön, deine Stimme zu hören!« sagte sie, kein Hauch eines Vorwurfs, daß ja immerhin eine längere Zeit verstrichen sei, daß ich eigentlich schon früher einmal hätte anrufen können, nichts dergleichen, nur Dankbarkeit für meine Nachfrage.

Und nun fühlte ich mich doch beschämt: Denn sie berichtete mir ganz beiläufig, daß sich inzwischen erstaunlich viele Menschen bei ihr gemeldet hätten, von denen sie das nie gedacht hätte, die ihrem Mann oder ihr eigentlich fernstanden, die aber gleichwohl ihre Hilfe anboten bei all dem, was nach einem Todesfall zu regeln ist.

»Es gibt viel Liebe, wo man sie überhaupt nicht vermutet, und manche Enttäuschung, wo man bei den sogenannten guten Freunden dachte, sie werden dich schon nicht im Stich lassen. Ja, die Welt um dich herum ordnet sich plötzlich neu«, sagte sie mit ruhiger Stimme.

*

Mir wurde plötzlich klar: Ich hätte nicht so lange warten dürfen! »Nur miteinander sprechen zu können ist Trost genug«, sagte sie noch, ehe sie den Hörer auflegte.

Aber weil man zuviel will, tut man oft gar nichts, oder man tut es zu spät – und damit bestimmt das Falsche.

»Übrigens, ich war heute morgen beim Röntgen . . .«

Es war ein Tag wie jeder andere, ein glanzloser Tag im Büro, es gab die vielen kleinen Selbstverständlichkeiten – Telefonate, Konferenzen, Besucher –, nichts Aufregendes.

Es gab leider auch viel Leerlauf dazwischen, weil diejenigen, die ich sprechen mußte, so schwer zu erreichen waren – »Wir rufen zurück«, die Gebetsmühlen der Anrufbeantworter – wer ist eigentlich heute noch an seinem Platz?

In einer Angelegenheit konnte ich mich »durchsetzen«, wie es in der Welt der Manager heißt, in einem anderen Fall war es mir nicht gelungen, wirklich ein Tag wie jeder andere. Und nun wollte meine Frau, als ich abends heimkam, von mir hören, wie denn alles so gelaufen sei . . .

※

Ich erzählte ihr einiges, hin und wieder fragte sie nach. Und dann, Stunden später, kurz vor dem Schlafengehen, geschah es! »Übrigens, ich war heute morgen ja beim Röntgen – es ist Gott sei Dank alles in Ordnung«, sagte sie ganz nebenbei, als ob auch das ganz alltäglich sei. Ein Satz nur! – für mich ein Schock.

Denn ich hatte die ganze Zeit nur von mir geredet, von den kleinen Wichtigkeiten, die mein alltägliches Räderwerk in Schwung gehalten haben, von Freunden, mit denen ich zum Mittagessen verabredet war, vom Ärger bei einer Verhandlung, Krimskrams, ein Nichts gegenüber dem, was sie erlebt hatte, von dem sie mir nun berichtete.

*

Natürlich erinnerte ich mich sofort, daß wir beim Frühstück ausführlich über ihren bevorstehenden Arztbesuch gesprochen hatten. Ihre Worte, »Hoffentlich höre ich nichts Schlimmes«, klangen mir im Ohr, ein bißchen Bangen war – wie konnte es anders sein! – natürlich schon dabei. Noch bei meiner Autofahrt in die Stadt dachte ich über all das nach – bis dann der Alltag all meine Gedanken überrollt hatte.

Und nun diese Nachricht! Diese doch bei weitem wichtigste Nachricht des Tages: meine Frau unter dem suchenden Auge des Röntgenapparates, meine Frau in Erwartung der Diagnose! Und schließlich die erlösenden Worte des Arztes: »Machen Sie sich keine Sorgen, es ist alles in Ordnung.«

Ich hätte sie – noch im Mantel, noch im Flur – doch sofort danach befragen müssen. Aber ich hatte es glatt vergessen!

Seltsam, dieses Nebeneinander: die geschäftige Welt des Mannes dort draußen und die Welt der Frau hier drinnen. All diese Gewohnheiten, die – wie ein

Ungeheuer – all das zu verschlingen drohen, was nach einem schönen Wort von Balzac an einer Ehe *erhaben* ist. Da kommt man heim, hält das, was man so tat, für das Entscheidende, totale Selbstüberschätzung, Nabelschau – dabei wäre unser ganzes Leben doch ins Wanken geraten, hätte der Arzt ihr etwas anderes mitteilen müssen.

Natürlich bat ich meine Frau um Entschuldigung. »Das macht doch nichts«, sagte sie nur leise, »es ist ja Gott sei Dank alles gut.«

*

Nein, nichts ist gut, wenn der Alltag die Männer auffrißt, wie an diesem Tag geschehen. Es war ein Tag wie jeder andere, und doch – er darf sich niemals wiederholen!

Wohl dem, der im Mai seine Koffer packen kann

Nun sind sie wieder da, die ersten Frühlingstage, in denen eine geheimnisvolle Unruhe über uns kommt, wir können sie nicht beschreiben, sie muß mit Sehnsucht zu tun haben – mit Sehnsucht nach Weite, nach Ferne, nach einer neuen Lebensdimension.

Und diese Unruhe ist von ganz anderer Art als die Reise-Sehnsucht im Herbst, da wählt man die Ziele bedächtiger. Jetzt aber will man ein Stück Welt erobern, ist mutiger in der Wahl der Ziele, ein bißchen Abenteuer darf auch dabei sein, ja, dies ist die Zeit der Reisekünstler. Hoffentlich gehören Sie dazu!

*

Der erste Eindruck in diesen Tagen der Vorsaison: Es gibt sie wirklich noch, die Freude in den Hotels bei der Ankunft der ersten Gäste. Noch atmet alles Frische. Nichts ist verbraucht und abgenutzt, niemand ist erschöpft und nervös. Sogar die Kellner lächeln. Wo und wann gibt es das sonst?

Noch wartet das Hotel auf seine Beute. Nur wenige Gäste am Pool. Keinerlei Gedränge. Kein Kampf um Liegestühle. Du kannst dich unter eine Pinie zurückziehen, ein Buch lesen, träumen, schlafen. Niemand stört dich, überall umfängt dich eine selten gewor-

dene Kostbarkeit: die gegenseitige Rücksichtnahme.
In ein paar Wochen wird es anders sein. Dann bist du
nicht mehr Gast, vom Hoteldirektor mit Handschlag
begrüßt, dann bist du nur noch Nummer, Zimmer
156, Tisch 77, Liegestuhl 23 – Chiffren des durchpro-
grammierten Ferienglücks.

Der Strand, kilometerlang – noch gehört er dir allein! Er liegt wie ein weißer Teppich vor dir. Nur eine
verrostete Cola-Dose in den Dünen erinnert an den
vergangenen Sommer. So unberührt, so majestätisch
schön wird dieser Strand nicht bleiben. Aber so, wie
er jetzt ist, hat ihn der Schöpfer gemeint, als er das
Meer schuf – und an den Menschen noch gar nicht
dachte.

*

Inmitten der wenigen Gäste: ein Ehepaar, mit dem
wir die Abende herrlich verplauderten. Es gab einen
wunderbaren Gleichklang der Gefühle – und der
Meinungen. Und dann plötzlich die Nachricht, daß
die Freunde der viel zu kurzen Tage morgen abreisen.

Und auf einmal stellt sich die Frage: Soll man seine
Heimatadresse austauschen? Es war ja viel Sympathie
da. Aber lehrt nicht die Erfahrung, daß man diese
Sympathie doch nicht ausleben kann, später im zermürbenden Alltag? Wenn der Ferien-Freund aus
Wanne-Eickel plötzlich vor der Tür steht und die
fröhlichen Abende von Ibiza fortsetzen möchte –
wann ist das jemals gutgegangen?

Die Saison kommt auf Touren, plötzlich der erste Schrecken: Eine deutsche Clique fällt mit Lärm und Getöse ins Hotel ein. Schon denkst du an Tucholsky: »Als deutscher Tourist im Ausland stehst du immer vor der Frage, ob du dich anständig benehmen mußt, oder ob schon Deutsche vor dir dagewesen sind.« Dies bissige Bonmot schrieb Tucholsky vor sechzig Jahren! Hat sich seither etwas geändert?

*

Und wenn man selbst ein paar Tage später zurück nach Hause muß? Da ist nur ein Hauch von Wehmut: Denn es wartet auf uns ja noch ein langer, schöner deutscher Sommer! Wir haben unser Feriengeld noch nicht ganz verspielt. Ja, der Abschied von den Ferien im Mai ist gnädig, fast schmerzlos, im Oktober ist er hart und unerbittlich.

Wohl dem, der jetzt seine Koffer packen kann!

Die vergessene Handtasche –
Lehrstück der Vergänglichkeit

Plötzlich sagte meine Frau, sie hätte ihre Handtasche vergessen, »kein Grund zur Aufregung«, aber wir müßten leider noch einmal umkehren, und so lenkte ich den Wagen zurück zum Hotel, etwa vierzig Kilometer waren wir bereits gefahren.

Die Tasche müßte im Schlafzimmer liegen, »auf dem Nachttisch, hinter den Blumen«, sagte sie, oder im Bad, aber das sei unwahrscheinlich.

Ich raste durch die Halle, fuhr in den dritten Stock, lief den Korridor entlang, Zimmer 344, »kein Grund zur Aufregung«, hatte meine Frau gesagt, denn sie weiß: Ich hasse es, umzukehren, zurückzufahren.

Natürlich hatten wir den Schlüssel abgegeben, doch ich hoffte, ein Zimmermädchen zu finden, das mir noch einmal schnell die Tür öffnen würde. Aber es war nicht nötig – die Tür stand weit offen, sicher kam gleich noch der Mann vom Minibar-Service.

So trat ich ein in den Raum, in dem wir eine Woche gelebt hatten, in dem ich auf Zeit gleichsam »zu Hause« war – ein schönes Zimmer, ein paradiesischer Blick –, jetzt aber fühlte ich mich fremd.

Die Betten, sie waren inzwischen neu bezogen. Die Blumen? Weggeräumt. Auch im Badezimmer war alles geordnet, war alles perfekt hergerichtet für den nächsten Gast. Und die Handtasche? Sie war verschwunden.

Und siehe da: Der Neue muß auch bereits dagewesen sein. Denn da standen zwei Koffer neben dem Schreibtisch, eine Sonnenbrille lag auf dem Sofa, ein paar Illustrierte, eine Schachtel Zigaretten, ein Feuerzeug.

Ich kam mir wie verstoßen vor, ich fühlte mich unbehaglich, weil ich in einen Raum eingedrungen war, von dem ich glaubte, daß er »noch ein bißchen« mir gehörte, weil ja die Handtasche meiner Frau noch dort liegen mußte.

Und nun erlebte ich, daß ich hier nichts mehr zu suchen hatte. – Ich ging zur Rezeption, dort war die Tasche tatsächlich abgegeben worden, meine Frau hatte es schon vermutet, und: In einem so feinen Haus würde schon nichts verloren gehen.

»Wie gut, daß die Tasche da ist«, sagte sie nun, als ich mich ans Steuer setzte, denn ihr war eingefallen, daß sie ja ihren Paß bei der Grenzkontrolle braucht, »ohne Paß bist du verloren«. Minuten später fragte mich meine Frau, warum ich so still sei. »Es ist nichts«, sagte ich – und log.

Ich gab ihr an einer Kreuzung bei Rot einen schnellen Kuß, weil ich daran gedacht hatte, wie wunderschön die Zeit mit ihr gewesen war, weil mir die alte Weisheit wieder einfiel, wonach man schöne Orte nie alleine besuchen sollte. »Das Gesicht eines lieben Menschen, der sich auf Neapel freut, ist schöner als alle Neapel der Welt zusammen.« (Sigmund Graff)

Aber irrsinnigerweise hatte ich für Sekunden das Hotelzimmer mit unserem eigenen Leben verglichen, in dem wir ja auch als Gast nur kurz Station machen. Daher der Anflug von Melancholie.

Denn immer wartet schon ein anderer auf unseren Platz, der auch sofort besetzt wird, sobald wir ihn räumen. Nur die Erinnerung nehmen wir mit und den Trost, daß sie das einzige Paradies ist, aus dem wir nicht vertrieben werden können, von keinem Zimmermädchen, von niemandem, wo immer wir auch sonst waren.

Erinnerungen
kann man nicht einholen

Es war zu spüren, noch ehe ich morgens aus dem Fenster blickte: Dies würde wieder ein Tag werden, an dem die Sonne ihre Flügel weit ausbreitete. Ein Sommersonnentag aus dem Bilderbuch des Lebens.

Ich fuhr hinein in die Berge, nicht zu suchen war mein Sinn, nur schauen, atmen, den Duft spüren, das Flirren der Hitze, die Schönheit genießen.

Keine Besichtigungen, keine Sehenswürdigkeiten, die »abgehakt« werden müssen, keine abgezirkelte Route, nichts von all dem, was den Menschen zum Touristen macht.

Und dann, an einer Autobahnausfahrt, ein Schild, das auf eine Stadt hinwies, die fünfzig Kilometer entfernt lag, und die Erinnerung war da: Dort stand das Haus meines Vaters, wo ich ihn vor sieben – oder waren es schon acht? – Jahren zuletzt gesehen hatte.

Nun hatte meine »Fahrt ins Blaue« ein Ziel, ich lenkte meinen Wagen in diese Richtung, der Zufall, wenn es ihn denn gibt, hatte Schicksal gespielt, jedenfalls bildete ich es mir ein.

Eigentlich hatte ich das Haus nie mehr sehen wollen, es war längst in fremde Hände übergegangen, Steine können nicht sprechen, auch hatte ich mir über all die Jahre gedacht, daß die Erinnerung an meinen Vater nichts zu tun hat mit der Fassade seines kleinen Hauses am See.

Aber vielleicht war dieser Gedanke falsch? Vielleicht würde ich doch ganz anders empfinden, wenn ich jetzt gleich am Gartentor stehe, an dem mein Vater früher stand, wenn er mir nachwinkte und ich im Rückspiegel noch einen letzten Blick des alten Herrn zu erhaschen suchte.

Während ich dem Haus entgegenfuhr, übrigens in vermindertem Tempo, wie ich zum eigenen Erstaunen gewahr wurde, schwankten meine Gefühle zwischen Angst, Beklommenheit – und Neugier.

Aber beim nächsten Straßenschild – nur noch zwölf Kilometer – gab es nichts mehr zu bedenken, zu überlegen, zu entscheiden.

Ich hielt zwei Straßenecken vom Haus entfernt, parkte den Wagen sorgfältig, nicht etwa, weil ich hier länger zu bleiben gedachte, sondern nur, weil ich immer sorgfältig geparkt hatte, wenn ich meinen Vater besuchte, er mochte das, er war da sehr genau.

Ich sagte schon, daß der Sommer seine Sonnenflügel weit über das Land gebreitet hatte, die Natur hatte sich verschwenderisch entwickelt, Bäume, Sträucher und Blumen verstellten fast den Blick, als ich am Zaun erschien.

Und dann: jähes Entsetzen! Ein fremder Mann, vermutlich der Mieter des Käufers, tobte über die Terrasse, schimpfte mit den Kindern, schrie nach seiner Frau. Irgendeine Familienstreiterei, sie ging mich nichts an.

Aber dieses schrille Bild schob sich über das stille Bild meiner Erinnerung, das meinen Vater zeigte, der mir immer so lange nachwinkte, bis ich ihn im Rückspiegel nicht mehr erkennen konnte ...

*

Ich hätte nicht kommen dürfen! Ich wußte doch, daß Steine einem nichts erzählen können, schon gar nichts von der Zärtlichkeit und Liebe, die hier einmal zu Hause waren. Erinnerungen kann man einfach nicht einholen.

Zwischen Selbstmitleid und Eiseskälte: »Kinder sind doch nur Ballast«

Gestern war ich noch in Italien, in einem Fischerdorf tief im Süden, ich lief durch die Straßen und kam aus dem Staunen nicht heraus: Da gingen die Eltern nach Feierabend mit ihren herausgeputzten Kindern zur abendlichen Promenade am Meer entlang, ich spürte viel Zärtlichkeit und auch ein bißchen von jenem Stolz, der Väter und Mütter immer dann erfüllt, wenn die Bewunderung der Passanten das Bild ihrer Kinder heller erstrahlen läßt. Es war viel Ruhe da, so sehr die Kleinen auch herumtobten, und vor allem viel Liebe. Ich hatte solche Stimmung seit Jahren nicht erlebt.

Und dann, nur einen Tag später, der Schock zu Hause: beim abendlichen Blick ins deutsche Fernsehprogramm. Der Zufall wollte es, daß ich in eine jener Diskussionen geriet, bei der Ehepaare ihren Seelenmüll zur öffentlichen Entsorgung feilbieten, unter der behutsamen Hand von Moderatoren, die plötzlich ebenso erstaunt schienen wie ich in diesen Augenblicken.

Denn was dort von den Frauen über den Bildschirm kam, war eine einzige Anklage: an die Welt, in der sie leben, an ihre Männer, die nicht mithelfen in dem grauen Dschungel eines Alltags, der sie angeblich auffrißt und ihnen keine Zeit für sich selber läßt.

Und dann kamen all die Klischees, die sie sich in der »Selbstverwirklichungs«-Literatur unserer Tage angelesen haben – sie hätten ein total anderes »Rollenverständnis« von ihrem Leben, die Liebe käme sowieso zu kurz, sie bliebe »wegen der Kinder« sogar ganz auf der Strecke.

Auf die Frage, ob sie denn nicht vorher gewußt hätten, daß Kinder nun einmal auch Mühe bereiten, kam ein verblüffendes »Nein« – mit dem Unterton: Wenn wir geahnt hätten, was Kinder wirklich bedeuten, wären sie nie geboren worden!

*

Kinder also als Ballast auf dem Weg zum eigenen Ich! Wen will es da noch wundern, daß inmitten dieser trostlosen Mischung von Selbstmitleid und einer Eiseskälte, die erschrocken macht, von der Liebe, die den anderen, nicht sich selbst meint, überhaupt nicht mehr gesprochen wurde?

Sicher, die heiteren Bilder der italienischen Eltern im liebevollen Umgang mit ihren Kindern und das Lamentieren der deutschen Eltern über die Störenfriede des eigenen Glücks vor dem Millionenpublikum des Fernsehens trafen mich zufällig innerhalb weniger Stunden.

Aber dann dachte ich plötzlich an die Fakten und an die Zahlen, die wir nur allzu gerne verdrängen: daß wir in Deutschland ohnehin schon die niedrigste Geburtenrate aller westlichen Industrienationen zu ver-

zeichnen haben, daß wir zu den Weltmeistern bei den
Abtreibungen gehören, und, daß wir auch bei Kin-
desmißhandlungen alle Rekorde brechen – minde-
stens dreißigtausend Fälle pro Jahr sind bei der Polizei
aktenkundig, von der Dunkelziffer, die viel höher
liegt, ganz zu schweigen.

Als jemand schließlich gegen Ende der Diskussion
auch noch dozierend – und entschuldigend – versuchte, den »deutschen Perfektionismus« für alles ver-
antwortlich zu machen – die Überforderung der
Frauen, die Zerstörung der Ehen, die Lieblosigkeit
gegenüber Kindern –, da schaltete ich den Apparat
aus. Nun wußte ich: Deutschland, lieb' Vaterland,
hatte mich endgültig wieder.

Erst wenn der Möbelwagen kommt, weiß man, was verlorengeht

Plötzlich war die Angst da, die er bisher so meisterhaft verdrängen konnte. Er ging heute nicht, wie so oft, gedankenverloren durch die Straßen seines Viertels, er schaute sich vielmehr alles ganz bewußt an – die Fassaden der Häuser, die Gesichter der Nachbarn –, als wollte er sicherstellen, daß diese Bilder in seiner Erinnerung bleiben. Denn: Morgen wird der Möbelwagen kommen.

Dabei hatte er diesen Tag des Abschieds herbeigesehnt, er hatte mit seiner Frau sogar einen langen Abend gefeiert, als endlich der Brief kam, der für ihn Schicksal spielen sollte.

Denn in diesem Brief lag der unterschriebene Vertrag, und die neuen Herren hatten freundlich geschrieben, daß es eine »ganz besonders große und bedeutsame Aufgabe« sei, die auf ihn warten würde.

Ein Sprung auf der Karriereleiter! Nicht eine Sprosse, nein: ein Sprung, wenn er alles summa summarum sah: den stolzen Direktorentitel, die ausgefächerten Kompetenzen, die enorme Machtfülle, die extrem hohen Bezüge, den Dienstwagen nach eigener Wahl, die vielen Extras.

Er hatte nur kurz gezögert, den Vertrag zu unterschreiben, weil damit ein Umzug in eine andere Stadt verbunden war. Aber seine Frau hatte schließlich zu-

gestimmt: »So etwas kann man einfach nicht aus-
schlagen.«

Seltsam, die Briefträgerin, die seit zwei Jahrzehn-
ten alle Post brachte, grüßte ihn heute besonders
freundlich. Als er sie dann fragte, ob er bei ihr seine
Post umdirigieren könne, schien sie die Welt nicht zu
begreifen: »Was, Sie wollen wirklich fortziehen?«
Und dann fügte sie fast stolz hinzu: »Unsereins verläßt man doch nicht.«

Es war ja nicht nur die Briefträgerin, die er nun ver-
ließ, es war der Masseur, der in seinen Schultern immer genau den schmerzenden Punkt fand, der Zahnarzt, der ihn trotz Termindruck immer »dazwischen-
schob«, der Apotheker, der ihm auch schon mal ein
rezeptpflichtiges Schlafmittel zusteckte, wenn er mit
seinen Nerven erkennbar am Ende war, der Monteur
in der Autowerkstatt nebenan, der sogar zu ihm kam,
wenn sein Auto im Winter nicht anspringen wollte.

Kurzum, es war die ganze Infrastruktur des Alltags,
die er nun opferte: das Winken des Zeitungsboten,
das Lächeln der Mädchen an der Kasse im Super-
markt, der sichere Griff des Zigarettenhändlers zu
»seiner« Marke, sobald er nur den Laden betrat.

Er wußte plötzlich: Es sind nicht die Freunde, die
man verliert, die bleiben einem ja erhalten, die
schauen auch mal in der anderen Stadt bei dir herein,
da gibt es Briefe, Telefonate, Besuche hin und her –,
nein, es ist dieses harmlose, eher unverbindliche
Nebeneinander und Miteinander im Alltag, das
plötzlich wegbricht.

Um nicht melancholisch zu werden, dachte er nun
wieder an seinen Vertrag, an die verlockende neue
Machtfülle, den luxuriösen Dienstwagen, die vielen
Extras . . .

*

Vergebens. Eine Spur von Traurigkeit, von Wehmut,
die blieb. Auch wenn die kleinen nachbarschaftlichen
Gesten nichts »wert« sind, so erhellen sie doch den
Tag. Sie sind, wie er jetzt – erst jetzt! – spürte, die
»wahren Extras« im Leben, die so kostbar sind, obwohl sie doch gar nichts kosten.

Tod auf Mallorca – oder der Irrtum, daß alles seine Zeit haben würde

Es war nur ein Routineanruf, den ich mit meinem Büro tätigte, nichts weiter. Es ging um ein paar Entscheidungen, Rückfragen, Zusagen und Absagen, Belangloses und Wichtiges – scheinbar Wichtiges, wie sich in wenigen Sekunden herausstellen wird – dicht nebeneinander.

Wir hatten nach ein paar Minuten alle Punkte auf unserer Agenda »abgehakt«, wie es in der Managersprache heißt, die so kühl ist wie Stahl.

Aber dann, nach einer Pause, die mir quälend lang erschien, ohne daß ich es mir im Augenblick erklären konnte, frage mich meine Mitarbeiterin noch, ob ich von seinem Tod schon gehört hätte.

Und da erst erfuhr ich, daß ein Kollege während seiner ersten Ferientage auf Mallorca von einem Herzinfarkt getroffen worden war.

Nur fünfzig Jahre ist er alt geworden. Sofort dachte ich an unsere letzte Begegnung, an den knappen Gruß, der immer zu eilig ist, an den Wortwechsel, der leider auch von fast atemloser Schnelligkeit war: »Wohin geht's?« – »Nach Mallorca, wohin denn sonst?« – »Gute Reise, viel Spaß, grüßen Sie mir die Sonne Spaniens.«

Ich wußte, er hatte sich dort sein kleines Refugium geschaffen, ein Ferienhäuschen, eine Terrasse hatte er gerade gebaut, mit Apfelsinenbäumen, und in zehn Jahren – in zehn Jahren, also im nächsten Jahrtausend! – wollte er dort hinziehen, »etwas vorzeitig« in Pension gehen, »noch etwas vom Leben haben«, seine Träume hatten längst eine Adresse.

Auf seinem Schreibtisch standen Bilder von seiner Frau, seinen drei erwachsenen Kindern, ein Foto zeigte sogar das spanische Königspaar – auch dies ein verräterisches Zeichen seiner Sehnsucht nach Süden und Sonne.

Wenn wir uns nichts Dienstliches zu sagen hatten, sprachen wir wenigstens vom Wetter, verglichen Hamburg mit den Balearen, er schaute bei den Satellitenfotos im Fernsehen immer zuerst nach unten, um zu sehen, ob auch über Mallorca Wolken hingen. Und wenn es in Deutschland regnete und Spaniens Himmel offen war, dann seufzte er schon mal: »Ach, wenn man jetzt doch nur dort sein könnte.«

Ich tröstete ihn dann, daß alles »seine Zeit« haben würde – nun erkannte ich, wie bedeutungslos solche Floskeln sein können, wie vordergründig Bürogespräche in Wirklichkeit sind, wie das wechselseitige Gefühl von Vertrauen und Herzlichkeit im verborgenen bleibt.

So kam, als ich den Hörer auf die Gabel legte, zu der Trauer über den Verlust eines Kollegen plötzlich Traurigkeit, weil man in all den Jahren die Oberfläche nie durchstoßen hat, weil man glaubte, daß man dafür im Streß keine Zeit finde, weil man dachte, das könne man ja immer noch tun: »Ich werde Sie demnächst mal auf Mallorca besuchen, das ist ja nur ein Katzensprung«, hatte ich ihm einmal versprochen.

Aber so läuft das Spiel des Lebens: Eingepreßt in Termine, Abläufe, Entscheidungen, in unaufschiebbare Wichtigkeiten, hat gerade noch der *Kollege* eine Chance, kommt der *Mensch* mit all dem, was ihn erfreut, vor allem aber auch bedrückt, zu oft zu kurz.

*

Kein Wunder also, daß auch die Mitarbeiterin in einem solchen Klima erst ganz am Schluß unseres Routinetelefonats darauf zu sprechen kam, daß gerade ein paar Zimmer weiter ein Stuhl leer geworden ist . . .

Ende der Ferien: Wir sind noch einmal davongekommen

Gestern noch Florenz. Tiefblauer Himmel, seidenweiche Luft, Zypressen. Sanfte Hügel – wie auf alten Stichen. Lachen in den Straßencafés. Das Leben wird dir hier wie auf einem schönen Tablett serviert.

Und jetzt geht es nordwärts. Immerzu nordwärts. Der Wind hat aufgefrischt. Ich kurbele das Schiebedach ein paar Zentimeter nach vorne. Ein Blick nach oben: Ist dieser blasse Himmel wirklich der gleiche wie gestern in Italien?

»Ich freue mich auf Zuhause«, sagt meine Frau plötzlich, ein Satz, mit dem ich in diesem Augenblick überhaupt nichts anfangen kann.

Denn meine Gedanken sind noch am Strand von Cesenatico, bei Luigi, dem schlaksigen Ober in der Trattoria. »Armes Mensch«, hatte er in gebrochenem Deutsch gesagt, als ich ihm verriet, daß ich heimfahren würde.

»Deutschland wunderbar, aber nix fröhlich« – dabei lachte er und servierte mit Grandezza den letzten Cappuccino der Saison.

Stunden später: zu Hause! Ich schließe die Tür auf. Die Angst, ob »ungebetene Besucher« da waren. Glück gehabt: Alles ist wie vor zwei Wochen. Bis auf die verwelkte Luft – wir hatten vergessen, einen Blumenstrauß wegzustellen. Kein Malheur,

wenn man bedenkt, was alles hätte passieren können.

»Es ist schön, wieder daheim zu sein«, sagte meine
Frau, nun schon zum zweiten Mal.

»Hat es dir nicht gefallen?« fragte ich zurück, eine
leichte Empörung muß in meiner Stimme mitge-
schwungen haben, schließlich war ja alles perfekt gelaufen.

»Nun sei doch nicht so empfindlich«, sagte sie nur.

*

Und ich dachte plötzlich: Sie hat ja recht. Reisen ist
heute auch nicht mehr das, was es einmal war. Hatten wir nicht von den Klagen der vielen Urlauber gelesen, die enttäuscht wurden – von der Baustelle am
Hotel, dem miserablen Essen, dem verdreckten
Meer. Von Überfällen, Trickbetrügern und Geisel-
nahmen gar nicht zu reden.

Aber gab es nicht auch das Gegenteil, nämlich Be-
richte, daß Urlauber sich überhaupt nicht abschrek-
ken ließen, als ein paar Orte weiter Krieg tobte, mit
Schüssen und Toten?

Vielleicht suchen wir alle, die wir in die Ferne
schweifen, gar nicht das Gute, das bekanntlich so nah
liegt – weil wir dann ja zu Hause bleiben könnten inmitten unserer überschaubaren genormten Welt.

Vielleicht suchen wir insgeheim – wenigstens hin
und wieder! – den Kitzel der Gefahr, nur um später
um so glücklicher feststellen zu können: Wir sind
noch einmal davongekommen.

Wenn wir wissen, daß es genau dieser Widerspruch ist, der dem Reisen seine fast magische Würze gibt, dann verstehen wir Goethes weise Worte: »Wir reisen nicht, um irgendwo anzukommen, sondern um unterwegs zu sein.«

In Wahrheit sind wir Menschen nämlich sowieso immerzu unterwegs, wir können gar nicht anhalten und auch in den Ferien nicht aussteigen aus unserer großen und überall gefährlichen Lebensreise.

Also buchen wir schon die nächsten Ferien: für Weihnachten, Silvester – bis hinein in den nächsten Sommer. Das ist sogar notwendig, denn Millionen machen es genauso, weil sie auch nichts anderes empfinden als wir selbst: Wer sich auf Zuhause freuen will, muß ja erst einmal weggefahren sein.

September am Meer – schon allein, aber noch nicht einsam

Lieber Freund, nun bin ich noch einmal ans Meer gefahren, für ein paar Tage, die Stadt hatte mich müde gemacht: der Lärm, die Baustellen, die Autos, die Fülle an jeder Ecke, alle Urlauber waren zurückgekommen. Jetzt jagten sich wieder die Konferenzen, Termine, Einladungen – da bin ich noch einmal ausgebrochen. Ich muß Dir sagen, lieber Freund: Es war eine Verzauberung!

Nicht, daß ich vom Sommer noch ein Stück erhaschen konnte, der hatte sich längst davongemacht: keine Strandkörbe, Kurtaxe, Badewärter, Eisbuden – den Sommer gibt es nur im Sommer.

Aber unverändert: das Meer! Es lag nun vor mir, frei vom Ferienrummel, und die Unruhe, die ich in mir trug, fiel hier in sich zusammen – wie eine Welle, die zu kraftlos ist, noch ans Land zu rollen, und vorher umkippt.

*

Und dann die langen Spaziergänge! Nur Wasser und Möwen – alles ist Dein, was vor Wochen noch Tausenden gehörte – nur eine verrostete Kinderschaufel in den Dünen erinnert an die heißen Sonnentage.

Stunden um Stunden habe ich aufs Meer geschaut,

es ist da wie von Anbeginn, es überdauert sich selbst, es verrät nichts von dem Geborenwerden und Sterben, das in ihm vorgeht. Es mag bei Windstille glitzernd glatt sein, es mag von Wellen gepeitscht werden – in jeder Sekunde sieht es anders aus und bleibt sich selbst doch immer treu. Ist es nicht das, was unsere Seelen unablässig suchen: die Beständigkeit inmitten einer sich rasend verändernden Welt?

Das Wunderbarste aber ist, daß Du ganz klein wirst, nicht mehr Chef, Manager, Angestellter, alles fällt ab, Du bist nur mit Dir selbst unterwegs. Sorgen und Probleme verweht der Wind, der Atem wird ruhiger, tiefer. Man findet zur eigenen inneren Mitte zurück, schwingt sich ein in die Natur, die mächtiger ist als man selbst.

Gerade in diesen letzten Septembertagen spürt man die Verzauberung, da Alleinsein noch nicht umschlägt in jene Einsamkeit, die man im Winter empfindet, wenn in den Ferienorten die letzten Jalousien heruntergelassen wurden und alles wie ausgestorben daliegt.

*

Vielleicht überfällt Dich auch jenes Virus, das man Meeres-Sehnsucht nennen könnte. Dann hilft nur eines, lieber Freund: Pack die Koffer und fahr los!